珍藏本
纪念版

汉译世界学术名著丛书

社会科学方法论

〔德〕马克斯·韦伯 著

韩水法 莫茜 译

商务印书馆
SINCE 1897 The Commercial Press

2017年·北京

Max Weber

GESAMMELTE AUFSÄTZE ZUR WISSENSCHAFTSLEHRE

TÜBINGEN, 1982

汉译世界学术名著丛书
（120年纪念版·珍藏本）
出 版 说 明

2017年2月11日，商务印书馆迎来120岁的生日。120年前，商务印书馆前贤怀揣文化救国的理想，抱持“昌明教育，开启民智”的使命，立足本土，放眼寰宇，以出版为津梁，沟通中西，为中国、为世界提供最富智慧的思想文化成果。无论世事白云苍狗，潮流左右激荡，甚至战火硝烟弥漫，始终践行学术报国之志，无改初心。

迻译世界各国学术名著，即其一端。早在20世纪初年便出版《原富》《天演论》等影响至今的代表性著作，1950年代后更致力于外国哲学和社会科学经典的译介，及至1980年代，辑为“汉译世界学术名著丛书”，汇涓为流，蔚为大观。丛书自1981年开始出版，历时三十余年，迄今已推出七百种，是我国现代出版史上规模最大、最为重要的学术翻译工程。

丛书所选之书，立场观点不囿于一派，学科领域不限于一门，皆为文明开启以来，各时代、各国家、各民族的思想与文化精粹，代表着人类已经到达过的精神境界。丛书系统译介世界学术经典，引领时代思想，为本土原创学术的发展提供丰富的文化滋养，为推动中国现代学术和现代化进程做出了突出的贡献。

为纪念商务印书馆成立120周年，我们整体推出“汉译世界学术名著丛书”120年纪念版的珍藏本，寄望既利于文化积累，又便于研读查考，同时向长期支持丛书出版的译者、编者和读者致以敬意。

两甲子后的今天，商务印书馆又站在了一个新的历史时间节点上。我们不仅要铭记先辈的身影和足迹，更须让我们的步伐充满新的时代精神。这是商务人代代相传的事业，更是与国家和民族的命运始终紧密相连的事业。我们责无旁贷，必须做好我们这代人的传承与创造，让我们的努力和成果不仅凝聚成民族文化的记忆，还能成为后来人可以接续的事业。唯此，才能不负前贤，无愧来者。

商务印书馆编辑部

2017年10月

韦伯社会科学方法论概论（汉译本序）

韩水法

马克斯·韦伯对当代社会科学和社会思想做出了无与伦比的巨大贡献，而这种贡献相当重要的一部分就是他的方法论学说。他的社会科学研究常被评价为博大精深，而这种特点在相当大的程度上得益于他自己的方法方面的素养和方法论上的见解。有人认为，韦伯的方法论学说是他的最大成就，尽管这不是一个普遍为人接受的观点。但他的方法论学说已经产生了巨大的影响并且还在不断产生影响，则是一个无可辩驳的事实。出于这样的认识，我们翻译了马克斯·韦伯这本《社会科学方法论》。此书实际上由选自《科学论文集》（*Gesammelte Aufsätze zur Wissenschaftslehre*，5 Auflage，J，C，B. Mohe〔Paul Siebeck〕Tübingen，1982。以下凡引《科学论文集》皆为此版本[①]）的三篇长文组成，它们分别阐述了韦伯方法论思想中的一些最重要的内容，是韦伯方法论著述的代表作。当然，韦伯方法论思想绝不限于这三篇文章中所表述出来的内容，整部《科学论文集》就是一部方法论文集，这里译就的三篇

① 在翻译过程中，译者参考了 Edward Albert Shils 的 *Max Weber on the Methodology of the Social Sciences*（Free Press，New York，1949）。

文字只占其篇幅的三分之一。若要将韦伯方法论思想较为全面地介绍给汉语读者，翻译全部《科学论文集》就是一个必不可少的工作，而这正是译者将服的笔砚之役。当然，韦伯还有一些重要的方法论思想包含在他的一些专门研究之中。我们之所以强调这里所选的三篇论文为韦伯方法论的代表作，是因为它们集中地讨论和阐述了韦伯方法论里一些为世人所重视并且为方法论研究乃至一般社会科学研究无法回避的基本思想。因此，可以说，这三篇论文既是了解韦伯方法论的初阶，亦是其方法论思想之堂奥。

这三篇长论包含着颇为丰富的内容。虽然韦伯旨在每一篇中讨论一两个中心论题，但由于讨论一旦深入，往往就会牵涉许多相关的问题，这些问题在不同的文章里常常是从不同的角度叙述出来的，有些根本就是在另外的论文里面提出来的。为了有助于读者领会韦伯的这三篇长文，突出韦伯方法论学说的主要概念，规定这些概念或思想的基本意义，并且了解这些概念和思想所处的理论境域，译者将以下面的文字，概述以这三篇文章的内容为核心的韦伯整个方法论思想，并在这个基础上分析和讨论其所涉及的一般性问题。

一、文化科学的界定

社会科学[①]是有别于自然科学的一系列学科，比如历史学、经

① 在本文中，“社会科学”一词与“文化科学”一词同义。韦伯经常使用的是文化科学这个概念，本文亦随韦伯用此词的广义，这就是说，它包括我们今天所说的社会科学与人文科学两大领域。

济学、政治学、社会学、法学等等的总称。对于今天一般的社会科学工作者来说,这或许是一个简单的常识。但是,这并不意味着一个自认了解这个事实的人都能清楚地提出区别这两类学科的有效根据。相反,这毋宁是社会科学乃至哲学的一个基本难题。不言而喻,社会科学方法论作为一种理论之所以可能,首要的条件就是刻画社会科学在对象、工具和方法诸方面区别于自然科学的独特性质。其余的学说都是以此为基础而展开的。因此,从逻辑上来说,韦伯社会科学方法论的首要任务便是对区别于自然科学的社会科学的说明和规定。

韦伯关于文化科学性质的基本观点渊源于狄尔泰和李凯尔特,尤其后者的著作是韦伯经常直接援引的文字。这两位新康德主义大家的最重要的贡献之一就是他们建立了独立的文化科学理论,试图把文化科学从形而上学和自然主义的独断思维中解救出来。

狄尔泰在哲学史上被称为历史认识领域的康德。[①] 他认为,如果说,以社会和历史为对象的那些学科 19 世纪前一直长期地受形而上学的支配,到了 19 世纪它们却不得不屈从于迅速发展的自然科学。[②] 他视分离精神科学与自然科学为己任。在他看来,无论实证主义的自然主义,还是客观唯心主义的历史哲学,都无法反映社会生活和社会精神的特殊性。自然科学所做的工作仅仅是依照自然规律把一些观察到的事物与另外一些事物联系起来,并对它们做出解释(erklären)。与此相反,人类生活是有意义的,这种

① H. P. Rickman 编译:"*Meaning in History*":*W. Dilthey's Thoughts on History and Society*. London,1961 年,第 95 页。

② 《精神科学导论》,《狄尔泰全集》第 1 卷(Leipzig-Berlin),1933 年,第 XV 页。

有意义的人类生活构成了不同于自然科学的历史学和其他精神科学的基础。那么，何谓意义呢？狄尔泰说道，人类生活具有一种时间的结构，而所谓的时间，并非钟表所标志的时间，而是指人类生活的每一刻承负着对于过去的觉醒和对于未来的参与。这样的时间结构组成了包括感觉经验、思想、情感、记忆和欲望的人类生活的内在结构，所有这些便形成了生活的意义。① 同时，人们是可以彼此交往的，因为一个人的经验能够唤起自己的思想和感情，引起自己的行动，也能够唤起他人的思想和情感，导致他人的行动。这样，个人的生活样式便衍生开来成为社会的生活样式，而人类历史生活就是这种相互作用的连续过程。② 因此，当人们认识社会生活和历史时，不是像认识自然界一样，把它们当作外部的东西，而是当作内在的东西。人们凭借神入（Einfühlen）他人的内在状态而理解人类生活。因此，如果说意义是狄尔泰精神科学的前提的话，那么理解便是把握其有如此意义的人类生活和历史的基本手段。

由于人类精神生活的这类特征，理解在相当大的程度上必须运用心理学的描述和比较，因而狄尔泰把心理学看作他的精神科学的基础。他的这个观点遭到了李凯尔特的批评。李凯尔特指出，非自然科学的精神科学固然主要与心理的存在发生关系，因而把这种经验科学标志为精神科学并不是完全错误的，“但是，重要的是认识论的本质特征却没有由此描述出来。因为借心理的概

① “*Meaning in History*”:W. *Dilthey's Thoughts on History and Society*, p. 97－101.

② 同上，第 73—74 页。

念,既不能使这两处不同的科学兴趣之间的原则区别得到阐明,也不能完全用所述的方法推演出这两种相互不同的专门研究方法的任何有益的逻辑的即形式上的对立。"[①]根据李凯尔特的观点,要使这两类经验科学得以从本质特征方面区别开来,就既必须建立质料分类的原则,又必须建立形式分类的原则。前一种原则与对象相关,后一种原则涉及方法。李凯尔特认为自然与文化是两种不同的东西:自然是任其自生自长的东西的总和。与自然相对,文化或者是按照预计目的直接产生出来的,或者是虽然已经现成,但至少是由于它所固有的价值而为人们特意地保存着的。[②] 这种区别我们可以用一句话来概括:为人所承认的价值划分了文化现象和自然现象。任何一种实在之所以有价值或者与特定的价值相关,正是在于它的独特性,它的一次性的发生过程。这一点为研究这两种不同的对象的学科提供了在方法上相互区别的根据:认识自然就意味着从普遍因素中形成普遍概念,也就是说,发现自然规律的概念。"自然"一词在他看来不仅仅是指物体世界,而且只具有康德式的或形式的意义。这样,自然科学方法一词也只有逻辑的意义。与此相对的不是文学科学方法,而是历史方法,即"旨在研究现实的特殊性和个别性的科学方法"[③]。因此,文化科学与自然科学的对立都只具形式的和方法论上的意义,而无存在论上的意义。

韦伯基本上接受了李凯尔特划分自然科学和文化科学界限的

① 李凯尔特:《文化科学和自然科学》,商务印书馆,1986 年,第 15 页。

② 同上,第 20 页。

③ 《科学论文集》,第 52 页。

原则，把它们看作是实际有效的。[①] 不过，韦伯并没有同时承认李凯尔特对狄尔泰的批评是完全正当的。他不排斥使用精神科学一词以表示文化科学的某种独特性。[②] 更为重要的是，他吸收了狄尔泰关于意义和理解的学说，把它与李凯尔特的价值学说，特殊性和个别性学说结合起来，形成他自己关于文化和文化现象的观点。

在《社会科学认识和社会政策认识中和"客观性"》一文中，韦伯指出：社会科学的对象是文化事件。[③] 文化事件的规定包含着两种基本的要素，这就是价值和意义。社会科学和自然科学一样，研究的对象也是实在（Wirklichkeit），而实在之所以进入社会科学的领域成为文化科学的对象，并非因为它原来就如此，而是因为它在与研究者的价值关联中变得重要了，它便对我们有了意义。[④] 实在本身决非当然的文化对象。韦伯的这一见解与狄尔泰把意义看成文化对象自身的性质的观点，以及与李凯尔特认为文化对象固有其价值的观点有很大的区别。韦伯强调指出："任何文化科学的先验前提，不是指我们认为某种或任何一种一般的'文化'有价值，而是指我们是文化的人类，秉具有意识地对世界采取一种态度和赋予它意义的能力和意志。"[⑤]

因价值关联而有意义的文化事件总是个别的现象，这不仅指它是一次性发生的事件，因而具有独一无二的性质，而且还意谓它

① 《科学论文集》，第 12 页，注 1。

② 同上，参见第 12、13 页。

③ 同上，第 161 页。

④ 同上，第 175 页。

⑤ 同上，第 180 页，见本书第 35 页。

始终与特定的价值观念相关联而产生特殊的意义。这种双重的个别性决定了如下一点:人们无法用自然科学的认识方法即建立精确的自然规律的方法来达到文化科学的认识目的。为此他批判了自然主义一类的观点:"人们一再认为,文化科学中决定性的标志可能也在于某些因果联接(合乎规律的)重复"。[①] 只要找到这种重复的公式,就可包罗无遗一览无余地解释历史和一切文化事件。在社会科学领域,人们或者试图仿效自然科学的方式建立某种可以从数量上来把握的合乎规则性,或者依照规律的设想通过历史归纳法从历史中寻找某些本质的东西,从而可以把其他事件都化简为这类基本的因素。韦伯承认,这样建立起来的规律的确能够发挥某种类似词典的作用,但也仅此而已。社会科学兴趣的出发点是围绕我们的社会文化生活的现实的,亦即个别的形态。社会文化生活的实在无论何时都不能从那些规律和因素中推演出来,凭借这些规律也无法使我们达到对于社会文化个体的认识。

在反对自然科学沙文主义和维护社会科学方法特殊性的同时,韦伯也坚持认为文化科学是一门客观的经验科学,反对那种认为社会科学家不得不使用直觉方法的观点。在这条战线上,他的对手主要是他的老师、"德国历史学派"的创始人罗雪尔和克尼斯。韦伯在《罗雪尔和克尼斯与历史的国民经济学的逻辑问题》一文中指出,他们两人深受黑格尔及其后的德国唯心主义哲学的影响,把黑格尔式的"整体宇宙(Gesamtkosmos)的有机生活"当作个别现

① 《科学论文集》,第171页,见本书第26页。

象的原因[①]，这些个别现象是无法通过概念客观地把握的，因而根本无法解释的，它们是“人的自由和非理性的行动的领域”[②]。韦伯并不否认文化事件中的“精神参与”，但反对因此而否定文化科学的经验客观性。他指出：“对于历史学家的解释来说，‘个人’不是一个‘谜’，而是所有存在物之中唯一能够解释的‘可理解的存在’，人的行动和行为决不像一切个别事件本身那样，是高度无理性的——在无法预测或使因果归源杂乱无绪的意义上——在合理的解释中止的地方尤其如此。相反，一般在合理的解释能够进行的范围，它已远远地超出了纯粹‘自在之物’的非理性”[③]。因为人的自由行动是理性实现的行动，它通过为我们所知的最合适的手段即经验知识追求意识到的目标。尽管各种情感因素会损害人的自由，但并不因此而取消了我们对这些行动进行因果分析的可能性。[④]

总而言之，在韦伯看来，文化科学的对象是有意义的文化事件或实在，文化科学的目的是认识这种实在的独特性质。他的方法论就是由关于达到这个目的的方式，原则和手段的讨论构成的。

二、文化意义和价值解释

1. 价值关联和文化意义。价值是文化科学概念形成的先决

① 《科学论文集》，第 34—37 页。
② 同上，第 35 页。
③ 同上，第 133 页。
④ 同上，第 226—227 页，见本书第 79 页。

条件。价值关联决定了文化科学和自然科学的分野。在韦伯的时代,价值乃是哲学和其他社会科学讨论的中心问题,因此韦伯大体上把它当作具有普遍接受的定义的概念来运用。但是,即使在李凯尔特那里,价值也没有得到确切的规定。李凯尔特认为:"价值自身究竟是什么,这当然无法在严格的意义上得到'规定'。但是,这仅仅在于涉及一个终极和非衍生的概念,我们利用它来思考世界。"[①]但是,价值是生活的命根,"没有价值,我们便不复'生活',这就是说,没有价值,我们便不复意欲和行动,因为它给我们的意志和行动提供方向。"[②]价值表示人与实在的一种关系。关系一旦消失,价值不复存在。社会科学关于价值的考虑因而有其两重性,一方面,人的生活世界是一个价值丰富的世界;另一方面,这个世界对于每一个个人之所以有价值,是因为人对这个世界取一种价值态度。如果个人不对世界表态,那么生活世界无论多么丰富多彩,对他来说也是毫无价值的——这自然只有抽象的可能性。狄尔泰强调的是第一方面,第二方面是韦伯对李凯尔特的观点的引申和发展,并因此构成了价值关联和文化意义两个概念的基本内容。

世界固有的联系是无限多样的,人与这样一个世界的可能的关系也是无限多样的,因而人对于这个世界的可能的态度也必定是极其多样的。但是,每一个人对这世界可能采取的态度在一定的时限内总是有限的,并且他所能与之发生联系的实在也同样是

① H. Rickert:*System der Philosophie I*,Tübingen,1921,p. 113.

② 同上,第120页。

有限的。这样,通常的情况总是这样:抱有一定价值观念的人与一定的实在发生联系。他之所以与这个实在发生联系,完全取决于他的价值观念。这种价值可作最为广泛的理解,从个人的兴趣、阶级利益乃至纯粹理想都可包括在内而无不妥。社会科学工作者依据一定的价值与一定的实在发生联系,这便是价值关联(Wertbeziebung)。韦伯指出,价值关联实际上也就是价值判断。它的作用不是凭借概念把握对象,而是对具有独特性质的对象采取一种态度,一种评价的态度。它的源泉是主观的,既非具体概念,亦非抽象概念,"而是完全具体的、高度个别化地形成和构造起来的'情感'和'愿望',或者可能是关于某种仍旧具体地形成的'应当'的意识"。[①] 在这种关系之中,实在成了文化现象。

价值关联是文化意义的逻辑前提,而文化意义也像价值一样,其内容是难以确切规定的,从理论上说具有无限丰富的可能性。伯尔格把韦伯的文化意义区分为心理学的、逻辑的和目标方面的三种类型[②]。这种分类是就研究者与有文化意义的现象的关系着眼而作的,并不涉及文化意义的内容的划分,不过却揭示出文化意义有其客观的依据。文化意义必定依凭于实在。但是,文化意义又是实在成为研究对象的前提。价值可以与实在的任何现象发生联系,但并非任何现象都会因此而在认识者眼里具有文化意义,只是那些依照某种价值观点对主体有意义的实在组成部分,才会成为研究者的对象。价值关联和文化意义两者一般地解释了选择研

① 《科学论文集》,第 252 页,见本书第 110 页。

② Thomes Burger: *Max Weber's Theory of Comcept Formation*, Duke University Press, Durham, 1987, p. 88 - 89.

究对象的根据。但是文化意义与价值关联不同,它不单单包含了主观的原因因素,而且在相当大的程度上包含了客观的理由。从同一种立场出发,某事件有意义而另一事件显示不出什么意义,这自然取决于这个事件本身的特殊性质。

2. 价值分析。在讨论了价值关联和文化意义之后,必然会出现如下的问题:某个具有独特性质的事件或其部分为什么会对特定的价值观念显现出意义?如果说价值关联一般地解释了确立社会科学对象的条件和根据,那么这里需要回答的问题是社会科学是如何具体地形成的?韦伯提出的价值分析就是解决这个问题的。

任何社会科学研究的基本任务都在于对实在进行经验的因果分析,揭示事件固有的和可能的联系。但是,价值关联并不直接就能确定因果分析的入手处。因此,在价值关联和因果分析之间尚有一个中间步骤,这就是对事件可能的文化意义从价值观点入手进行分析,从而揭示出事件能够引起人们更加深入的、更多方面的兴趣的可能性。价值分析阐明和确立价值与事件的文化意义之间清楚的联系,同时,它还给即将进行的因果分析提供决定性的"观点"[①],即因果分析的课题。

价值分析凭借解释,使对象中之可能的精神内容成为人们的"情感","愿望"或"应当的观念"的表现形式,而已经过价值分析的文化对象或因此而形成的历史个体在秉具特定的价值观念的人们看来,就是这类形式的体现。人们的理念可以在相关的政治形态

① 《科学论文集》,第251页,见本书第110页。

（比如弗里德里希大帝的国家），相关的人物（比如歌德），相关的文字作品（比如《资本论》）里面实现自身或发挥作用。[①] 价值分析因此实际上是抽出有关对象的无数可能的理解之一种，使之定向化。

价值分析的这种特点使它一方面要考虑与文化科学（历史等等）相关的事实，另一方面也要考虑可能与文化科学所要处理的对象完全不同的事实。但这种事实不是因果分析的对象的成分。它们是指相关的其他文化事件的精神内容：比如以《浮士德》的精神来解释《资本论》。价值分析因此在很大程度上包含了一种联想在内，并且借此而找到因果分析的入手处。需要指出的是，这里所谓的价值虽然包括好恶评价在内，但要远远宽于单单的好恶评价，举凡一切文化事件都有其价值，而且即使人所厌恶鄙弃的现象也并不因此而失去其文化价值。

价值关联解释文化对象或历史个体的形成和文化科学工作者兴趣的根据，价值分析从根本上来说只是价值关联的具体化，它揭示了实际的文化意义。它们是经验分析必不可少的前提，但还不是经验科学本身，因为它们不给我们提供知识，后者正是经验科学的任务和目的。

三、理解

文化现象意义的形成可以从两方面来考虑。从价值关联的角度看，取决于人们对于世界的态度；从文化现象形成的角度来看，

① 《科学论文集》，第252—253页，见本书第110页。

它依赖于产生文化的行事,而且还包含内心的活动或感受,这就是说,它包括赋予外在行动以意义的内在精神活动。因此,韦伯接受了狄尔泰如下的观点:我们不仅可以从外在方面观察和把握人的行动,而且可以从内在方面理解他们的行动。在《社会学基本概念》一文中,韦伯指出:"社会学(按这个颇多歧义的名词在这里所表示的意义)就是这样一门科学:它以解释的方式理解社会行动,并将据此而通过社会行动的过程和结果对这种活动作出因果解释。"[①]理解的方式当然并不只适用于社会学,它也适用于历史学和其他涉及人们行动的文化科学,这一点是毋庸置疑的。[②]

韦伯认为,理解有两种样式,或者是合理的,即逻辑的或数学的;或者是神入的,即对于他们情感关系的重新体验。前者既可以是我们对于某一数学命题运算的理解,也可以是对某个力图通过选择适当的手段而达到某一目标的行动的理解;后者的情况则要复杂一些,因为它要理解的是价值或终极目标,宗教的激情行动,虔诚的或极端的理性主义狂热等一类内在的心境。[③] 神入理解的可能性在于:人们可以通过分析自己处于被理解者所处的情状时将会出现的内心行动,来类推他人的内心活动。这就是说,理解者试图在假定的相同情况下重新体验对象当时经历的内心变化。但是,在涉及终极价值和宗教情绪或其他极端信仰情绪时,理解者与对象在价值取向与信仰情绪方面的差异愈大,理解就愈困难。[④]

① 《科学论文集》,第 542 页。

② 这个论断的根据包括韦伯有关方法论个人主义的观点。

③ 《科学论文集》,第 543 页。

④ 同上。

这一分析实际上包含着这样一层意思：在大致相同的环境下，人们会产生大致相同的内心活动，换言之，人们的内心活动至少有可以类比的相似性和规则性，这种规则性的程度因人们之间的价值取向和信仰差异的增大而下降。理解的主观性可由此清楚地看出来。

在社会科学研究中，理解的上述两种样式在实际的理解过程中不是互相排斥，彼此无关；相反，它们总是合在一起出现在同一个理解过程之中。对于历史、社会学和其他文化科学来说，考察计算的心理过程不是它们的任务。韦伯自己也一再强调理解不属于心理学范畴，理解社会学也不是心理学的一部分。理解的目的在于领会人的行动的意义，心理学则根本不涉及这个题目。按照韦伯文化科学的基本原则，即使最为简单的有意义的行动，也必定与一定的价值兴趣相联系，因为人们是按照一定的价值观点行动的。选择适当的手段达到某一目的的行动之所以能够得到合理的理解，其前提就是对于选择目的和手段的价值根据的神入理解。我们看到，一个人伸手捏着门把去关门，或者一个人举枪瞄准动物[①]，这两个人的行动目的从表面上看来是非常清楚的；因而是可以合理地理解的。但是，如果没有对这两个人相应的心境的理解，上述两个行动并不成为具有独特性的文化现象，它们没有意义，因而不在社会科学的视野之内。因此，理解的主要特征就是神入理解，即对他人心境的重新体验。在方法论的著述中，韦伯把理解等同于神入或重新体验，并认为它是所谓主观化的科学，即历史学科

① 《科学论文集》，第547页。

的特殊标志。[1]

如果按照韦伯的观点,把文化科学的方法规定为概念化和抽象,那么理解,无论是神入的,还是合理性的,都非此种意义上的逻辑方法。逻辑的和抽象的方法是客观有效的,能够用于经验分析的。相反,理解则完全是主观的活动,它不是一种经验的分析,而是借助于内心体验的类推。理解的主观性完全取决于它所要领会的对象的私我性。"因为实在科学是不能够从自我的现实性中抽象出来的,后者是'自由的世界',对于认识来说,它表现为能由解释的方式所理解的东西的世界,及可重新体验的东西的世界,我们对于它有体验到的了解,而此种了解却无法凭借运用客观化的手段而得到深化。"[2]理解本身无法客观化,当然也就不可能提供任何客观的知识。但是,需要强调的是,理解固然是一种主观的活动,是一种难以外化的内在状态,但是,这并不妨碍它是一个明显的事实,这就是说,我们确确实实有这样一种内在的活动。理解活动因此而具有双重的主观性:理解对象的主观性和自身活动的主观性。但是,在韦伯较后的方法论著作中后一种见解有了一定的变化,这最为明显地表现在韦伯为理解设立的目标合理的行动的理想类型上面。

韦伯认为,人的行动或社会行动包含两个基本因素:动机和目标。毫无疑问,这两者都是与人的内在状况直接相关的。但是,在过程和结果方面相同的行动可以出于极为不同的动机情态,其可

---

① 《科学论文集》,第 80 页。
② 同上,第 74 页。

明显理解的部分并不总是实际上起作用的那个部分。[①] 因此，试图通过理解动机而解释人的行动便十分困难。它无法解决上述理解的一般难题。然而，行动的另一因素——目标，则为理解切合人的内在状态提供了可能的条件。在韦伯看来，人们总是依照一定的目标来选择适当的手段；人们对于目标的意识越明确，就越是趋向于选择适当的手段。目标合理的行动就是以这种考虑为基础而建立起来的。"目标合理的行为应是这样一种行为，它唯一地指向（主观上）设想为适合于（主观上）明确地把握了的目标的手段"。[②] 这种行动的意义结构是最能够被直接地理解的。[③] 在解释这种行动时，人们不是把它从心理行为中推论出来，而恰是从某些期望（Erwartungen）里面把它推论出来，这种期望或者是人们主观上寄托于对象的行为之上的（主观的目标合理性），或者是依据有效的经验而产生的（客观的正确合理性）。行动越是准确地指向正确合理性的类型，它的过程的意义就越能撇开心理因素而被理解。[④]

目标合理的行动是一种理想类型。[⑤] 它虽然不是一种普遍的经验行动，却是一种重要的行动范例，为人们提供了理解行动意义的可能手段。毫无疑问，实际发生的人的行动并不尽是合理的，毋宁说其中常常包含相当多的非理性的因素。但是，目标合理的行动这一理想类型则使人们能够让这些非理性因素展现出来。因为

① 《科学论文集》，第428页。
② 同上，第430页。
③ 同上。
④ 同上，第432页。
⑤ 同上，第545页。

各种情感和欲望等非理性因素的掺杂程度不同,行动的目标合理的程度也就有差别,韦伯因此而在《论理解社会学的几个范畴》中给出了六种不同合理程度的行动类型。[①]

但是,韦伯关于目标合理的行动这个理想类型的阐述包含难以解决的问题和矛盾。目标合理的行动与非理性的行动之间的界限实际上是极不确定的,便是问题之一。不过,其中最为要害的是它引出了理解和文化意义之间如下的矛盾:愈是目标合理的行动,因其最具一般性,最缺乏文化意义的独特性,因而也最可理解;而愈是渗透有多种价值情感和其他的精神因素的行动,愈富文化意义,因而实际上就愈难得到清楚的理解。理解之所以需要,乃是为了了解精神活动赋予文化事件的意义,从而把握其特殊性。然而,理解的可能性与这种特殊性刚好成反比关系。这样,理解的要求隐含着对于文化事件特殊性的某种排斥,而特殊性又使理解成为作用有限的方式。因此我们可以说,理解无论在何种情况下只具有相对的可能性,而目标合理的行动的理想类型作为理解的手段,其效用也是很有限的。

四、理想类型

文化科学的任务是要获得关于具有完全特殊性质的文化现象的知识。因此,在李凯尔特和韦伯看来,任何一般化的概念都无法用来完成这个具体任务。李凯尔特曾从原则上讨论了文化科学的

① 《科学论文集》,第435页。

概念形成是如何区别于自然科学概念形成的。文化科学不排斥一般概念,但是,一般概念仅仅是达到个别之物、达到文化现象的个别性的手段。不过,一般概念如何能够达到个别性,他并未能给出答案。韦伯提出理想类型,用以解决这个问题,在方法上比李凯尔特前进了一大步。理想类型从形式上来看是一种抽象理论的概念结构。毫无疑问,它的基本成分是一般的概念。但是,根据韦伯的观点,由于它体现了价值关联的原则和理解的方式,从而便与任何其他的概念结构区别了开来,成为文化科学认识经验实在的特有方法。

1. 理想图像——乌托邦。理想类型是用来描述文化事件的过程的。但是,它不是对实际发生的事件的叙述,而是关于某种设想出来的联系的表象。因此,韦伯称之为“理想图像”或“思想图像”。“这种思想图像将历史活动的某些关系和事件联结到一个自身无矛盾的世界之上面,这个世界是由设想出来的各种联系组成的。这种构想在内容上包含着乌托邦的特征,这种乌托邦是通过在思想中强化实在中的某些因素而获得的。”①实在包含无数的关系和事件,并且从理论上来说,它们具有各种发展的可能性。那么,人们作出如此选择并从此出发构造出某种联系的根据是什么?由关于价值关联和理解的分析我们知道,这样的根据应从两方面来惟度:一方面是主体的价值兴趣,它决定了整个图像的联系得以建立的出发点,另一方面是实在里面的人的行动动机和社会活动中的支配观念。这两者都是以研究者理解后的形式出现的,研究

① 《科学论文集》,第 190 页,见本书第 45 页。

由此获得对于特定文化事件的观点,而这些观点被大大地强化和夸大了,从而成为从实在中选择各种因素用于构成一种理想的内在无矛盾的基本线索。① 韦伯用"手工业"这一理想类型的具体形成非常清楚地说明了这一点。②

理想类型是作为与自然主义相对立的方法提出来的,韦伯以此作为对抗自然主义偏见在社会科学领域内影响的手段。自然主义方法论上的偏见在韦伯看来有三个方面:"第一,人们认为,历史实在的'根本的'内容和'本质'必定记录在那种理论的概念图像之中,第二,人们把它们用作历史应当塞入其中的普洛克路斯忒斯之床,第三,人们假设这种'观念'是处于现象变幻之后在历史中发生作用的'真正的'实在和实际的'力量'。"③与此相反,理想类型既不表现历史实在中的本质内容——因为在韦伯看来,所谓本质的东西在社会历史里面是根本不存在的,它只注意具有独特文化意义的那些因素;它也不可能是人们描述历史的标准,历史实在有其本来的面目,这正是文化科学借助理想类型所要认识的东西;当然,它就更不能被看作历史本身;它也不是黑格尔所说的那种绝对精神,代表着历史的真正的动力。

韦伯认为,由于自然主义的偏见,人们把实际上乃理想类型的理论结构看作历史发展的规律,当作历史的实在,并且以此来规定历史的未来发展。这种把理论和历史实在混淆起来的做法给社会和社会科学带来了极大的危害。"由选择出来的概念标准所产生

① 《科学论文集》,第 191 页,见本书第 46 页。

② 同上。

③ 《科学论文集》,第 195,见本书第 50 页。

的类型系列，因而好像是具有规律必然性的类型的历史次序。于是，概念的逻辑秩序这一方面，和概念在空间、时间和因果联接中的经验秩序这另一方面，显得如此密切地结合在一起，以致为了在实在中证明结构的真正有效而对实在施加强力的尝试，几乎成为不可避免了。"[①]

因此，韦伯实际上认为，理想类型不是由他首先创造或使用的，事实上它作为文化科学的工具或手段早就为人所用了。他所做的工作只是揭示了文化科学理论结构的理想类型的特征，澄清了人们在这方面的各种混淆，从而避免由此可能造成的各种危险。

2. 认识功能。任何科学认识都是有前提的认识。各种前提的最基本的成分就是理论的概念结构。这个由新康德主义第一次明确揭示出来的认识论原则，是新康德主义文化科学理论的基石。韦伯的理想类型学说就是确立文化科学研究的最基本前提的尝试。与李凯尔特一样，韦伯为文化科学的认识论前提所规定的东西已不止于一般的理论结构。这种前提亦企图建立某种秩序，但不是实在的秩序，而是一种理想的秩序，因此人们并不企求它在实在中得到证明，而是让它提供达到实在认识的中介手段，而非这种认识本身。

实在本身具有无限多方面的联系，这种无限多的联系对于任何无前提的认识者来说都是一个混沌的世界，人们如果试图要获得对于它的清楚认识，那么就必须找到一个着眼点，并且确定所要清楚地认识的范围。理想类型的建立也就确立了文化科学某一种

① 《科学论文集》，第 204 页，见本书第 59 页。

研究的视野。不仅如此,它同时还为人们提供了选择材料,寻求实在自身的因果或其他联系提供了一个图式。韦伯以基督教信仰为例分析了理想类型的这一作用。基督教信仰是中世纪个人精神生活的重要成分,如果人们想把它完全地描述出来,那么它就会是一个包含无数关系的混沌。现在人们要求弄清在中世纪制度中所体现出来的基督教因素,唯一的手段就是借助理想类型,这就是说,构想出一种内在无矛盾的基督教观念结构,并以此来与实际存在的这个混沌相比较,从而梳理出其中存在的联系的清楚线索,并且把它综合起来。[①]

理想类型在发挥这个作用时,事实上是用来比较和衡量实在的手段[②],并因此而成为引导人们达到实在知识的指示,使人们借此进入对于历史事件本身的因果解释。研究导致的结果往往是理想类型与实在的偏离。"如果达到了这个结果,它就完成了它的逻辑目标,这恰是因为它证明了自身的非实在性。"[③]换言之,它之被证明为非实在的,正意谓人们已在一定程度上获得了关于历史实在的知识。理想类型的这个结果只是表明,理论是历史认识的仆人,而不应当相反是主人,并且两者是决不能混同起来和颠倒过来的。

因此,理想类型具有相对性和暂时性的特点。一方面它表明自身是从某一个或一些观点出发而形成的一种理想构想,决不代表唯一可能的观点和见解;另一方面,随着实际的认识的获得,原

① 《科学论文集》,第 197 页,见本书第 52 页。

② 同上,第 199 页,见本书第 54 页。

③ 同上,第 203 页,见本书第 58 页。

有的理想类型当然就不再有效，为了达到更深入的认识，就需要构造更新的理想类型，这种理论结构的不断更替既促进了对实在的认识的进展，也是这种进展的表现。

五、价值无涉

如果说前面所讨论的内容都是从不同的角度说明文化科学的主观前提和据此而建立的文化科学的特殊方法，那么价值无涉(Wertfreiheit)作为经验科学的原则向文化科学提出了客观性的要求：将价值判断从经验科学的认识中剔除出去，划清科学认识与价值判断的界线。这个首先由韦伯提出的社会科学的客观性原则，今天在社会科学领域内依然是广为接受的科学标准。

在早期的方法论著作中，韦伯已提出事实的因果分析不能提供价值判断这一价值无涉学说的基本观点，而他集中讨论这个问题的《社会科学和经济科学"价值无涉"的意义》则可以看作对先前论文的补充和发挥。这篇论文写作的直接目的，乃是批判德国的教授们利用自己不受攻讦的权威在学术讲坛宣扬自己的价值观点，混淆了价值判断和关于经验事实的科学知识之间的界限。

价值判断在这里是什么意思呢？韦伯提出，它是对文化现象是卑下的或正当的评价[①]，因而它便包含评价者的赞成和反对的态度在其中。就这一点而论，它与前面所分析的确定一般文化现象意义的价值关联和价值解释，有其极为不同的意义。但是，由于

① 《科学论文集》，第489页，见本书第151页。

人的社会生活,人们认识实在的活动和手段如韦伯的分析所指明的那样,无不与价值有密切的关联,因此,严格地区别价值判断和关于经验事实的科学认识,即使对于韦伯来说,也是一个艰巨的任务。但是,或许正是出于这样的考虑,韦伯才特别强调价值无涉对于文化科学的重要性,并且在他看来,要做到这一点也决不是不可能的。

1. 经验科学任务与价值判断。将价值判断从经验科学中剔除出去的必要性不仅来自前者对于后者的危害,而且也来自于他人的混淆。在韦伯时代,即使一些有成就的社会科学家也至少在理论上是不清楚两者之间的区别以及做此区别之必要性的。两者之间的区别究竟何在?韦伯给出几组对照的问题来作说明。我们这里试分析其中的一组:1)一个具体地给定的现实形势(或一般地说,某类无论得到怎样充分规定的形势)是不是有可能将向哪一个方向发展,以及有多大可能向那个方向发展(确切地说,通常典型地发展);2)人们是否应当影响某种形势向某一方向发展——而不论它自己是否有这种可能,也不论向恰好相反的方向或任何其他方向——发展?韦伯指出,有相当多的人常常把第一类问题与第二类问题混淆起来,他们在对第一类问题发表意见后又对第二类问题发表意见,或者以对第二类问题的回答来取代对第一类问题的分析,而无视这类问题的异质性。第一类问题是有关经验事实的,它是经验的文化科学的研究对象,在这里人们所要弄清的是实在中存在的各种实际的联系和引起这种联系的变化的可能性。第二类问题则完全是价值判断,它是研究者从自己的价值取向出发对历史上发生的事件以及历史人物的观点、动机的评价。这种评价出自主观的理由,而无客观的根据。两者之间并无逻辑的和必然的联系。价值判断自然无法取代经验的认识,而且从对经验事实的分析也无法进展到关于事件本身的价值判断。前一点涉及对待科学的严肃态度,后一点则涉及价值和科学的分野。

为了给价值判断和经验分析划出清楚的界限,韦伯从区别存在和应当的角度分析了一些具体的例子。工团主义是韦伯时代极其流行的信念。韦伯认为,经验科学对于工团主义能够做的只是"把工团主义的种种概念归纳为它可能最合理的和最内在一致的形式,以及在经验上说明它形成的条件,有利的机会和实际的结果"。[①] 至于人们是否应当成为一名工团主义者,倘无确定的形而上学的前提,科学是无法为之提供任何有效的说明和证明的。这就是说,科学能够对两种信念进行某种分析,但不能提出任何证据来证明选择这类信念的当否。因此,当某个人试图通过分析工团主义的具体行动的不可能性或甚至会产生相反的结果,来劝人放弃这种信念时,他只是在做一个徒劳无益的工作。[②] 因为人们总是在十分明了某种信念的内容,它的实际要求和结果的情况下才选择某种信念的。如果科学还能够有利于人们的价值选择的话,那么这就是在确立了十分明确的目标的情况下,它可以分析达到此种目的的种种可能的途径和手段。但是,即使手段的选择也不是科学所能决定的,而是取决于价值取向和信念内容的。因此,韦伯指出:"只有在依照绝对明确地给定目的而考虑实现目的的恰当手

① 《科学论文集》,第 515 页,见本书第 178 页。

② 同上,第 513 页,见本书第 177 页。

段的情况下,真正可以经验地解决的问题才会出现。"[①]

总之,经验科学只能告诉人们事实怎么样,它可能怎么样,但决不教导人们应当怎么样,后者完全取决于人们自己依据于一定价值取向的选择。从存在无法上升到应当,因此关于实在的经验认识的科学必须拒绝承担价值判断的任务,从而保持科学认识的客观性和中立性。这就是价值无涉学说的基本观点。

价值无涉本身实际上就是一种规范要求,因而从广义来说,也是一种价值判断,因此它在韦伯那里是一种原则,而非方法。对于价值无涉最常见的反驳就是,人们即使在选择事实时也有价值的因素在起作用。[②] 这种反驳是无力的,因为首先韦伯的价值关联学说已充分地解释了这种情况;其次人们实际上在多大程度上能够做到价值无涉,与这种规范要求的合理性并不发生矛盾。它要求科学的实际分析过程必须排除价值的干扰,但这并不意谓,除非人们能完全地实现这个原则,否则它就失去存在的根据这种说法是正确的。

六、韦伯方法论的意义和问题

马克斯·韦伯社会科学方法论的巨大影响可以从两方面来考虑:首先,社会科学方法论不同于一般研究的技术手段,即具体的研究方法,它以哲学观点为根本的前提。那个时代德国社会科学

① 《科学论文集》,第 517 页,见本书第 180 页。

② Stanislav Andreski, *Max Weber's Insights & Errors*, Routledge & Kegan Paul,1984 年,第 19 页。

与哲学直接而密切的关系，以及韦伯本人的哲学素养及其对文化哲学的基本问题的洞察，使得他的方法论在相当大的程度上成为从特定角度出发对文化科学基本问题的哲学讨论。我们看到，不仅社会科学家普遍地讨论和引证韦伯的思想，而且也有相当多的哲学家对韦伯表示极大的关注并作专门的研究。[①] 其次，韦伯提出了理解、理想类型和价值无涉这样一些富有争议而在实际上又广为运用的方式、方法和原则。可以肯定地说，当今的社会科学依然无法回避这些涉及人和社会现象的极其基本的问题。在有成效的社会科学研究里面，我们可以极为经常地看到这些方法和原则在其中所发挥的积极作用。关于第二个方面我们在前面具体的行文中已做过一些评论，下面我们将从第一个方面来分析和讨论韦伯方法论的意义及其问题。

1. 积极的多元论。多元论是对于韦伯方法论哲学特点的最常见的评论。用于证明如此评论的事实是韦伯既反对德国传统的唯心论，又反对实证主义，既接受了狄尔泰精神科学的一些主要内容，尤其是理解学说，又坚持实证主义对与经验科学的基本要求。批评韦伯方法论的多元论色彩，就是从传统的观点来指谪其不彻底性，指出各种倾向的哲学观点出现在同一方法论学说中，不免内含矛盾，如个别化的倾向和一般化的倾向之间的紧张状态等等。一元论是人类哲学在几千年漫长岁月中形成的强有力的传统思维方式。它要求人们思维的彻底性和绝对性，进而要求人们对于世界所取的态度的彻底性和一贯性。近代以降，它受到持续不断的

① 我们只要指出雅斯贝尔斯和哈贝马斯的专门研究就足够了。

冲击,虽然依然保持着惯有的力量,却不能阻止其他的思维方式确立它们自己的权威,拓展它们自己的有效领域。笛卡尔是近代对抗一元论的代表,但他的二元论的影响对于具体的科学研究似乎没有直接的意义。这类直接的影响首先来自康德的批判哲学。康德对于人类知识的重新解释不仅改变了人们对于世界的看法,而且直接地改变了人们对于科学认识的看法。现象和物自身的区别打破了人们对于知识绝对性的形而上学信念;而对经验和先天形式的同时承认又提示了知识构成的多元性特点;知识领域和道德领域的划分,则揭示了人类生活中不同于甚至优于知识的理性另一方面的价值。康德是全部现代哲学的开端。我们谈到哲学上面的多元论,也就必然要提及康德上述的二元论思想。毫无疑问,韦伯的多元论在具体内容上与康德并不相同,但却有极为一致的思想方式:凡是适合于解释科学知识形成的内容则予以接纳,而不论其本源是否为尖锐对立的哲学派别。因此,韦伯如果是一个多元论者的话,那么他是康德意义上的多元论者。这就是说,他的出发点和立场是解决实际出现的问题,而不只单纯地捍卫某种信念,这便是科学所要求的基本态度。它允许从各种不同的角度利用不同的方法来解决科学的问题,不排斥任何有效的途径。但是,这并不意味着它必定是自相矛盾的。因为不同来源的思想观点实际上用于解决不同的问题,而它们的运用并不是没有区别和限制的。价值关联和价值解释的有效性只限于研究对象的确立,它不能代替对实在作经验的因果分析。人的行动确实既可以从其精神和意识方面来考虑,也可以从外在的行为方面来分析。如果一定要以其一否定其他,那么只会蒙蔽实在的本来联系,使人们局限于相当有限和极不完整的知识。

韦伯认为:“方法论始终只能是对在实践中得到的检验手段的反思;明确地意识到这种手段几乎不是富有成效的工作的前提条件,就如解剖学知识几乎不是‘正确’迈步的前提条件一样。”[①]这个观点虽然并不完全正确,但它反映出韦伯从解决实际问题的需要来考虑方法的求实精神。由此可知,韦伯为何在接受了李凯尔特文化哲学的基本思想的情况下,又采用狄尔泰的观点。解决实际问题是科学方法论的主旨,这是他与康德相同而与某些一元论哲学家有异的分水岭。“只有通过阐明和解决实在的问题,科学才有基础,它的方法论才能继续发展;相反,纯粹认识论和方法论的思考决不会在这方面发挥决定性的作用。”[②]当然人们可以在一个更为广阔的视野中来统一多元论的诸种观点,使之具有适当的联系,但这是哲学的任务,无法苛求于作为社会科学家的韦伯。

韦伯的方法论思想给当代社会科学也提出了无可回避的问题并提出了一套含有争论却仍被广泛引用的方法和原则,正是在这个意义上他被称为现代社会科学之父和法典制定者。拉尔夫·达伦多夫在分析韦伯和当代社会科学的关系时[③],充分注意到了韦伯理论(不仅是方法论)内部的矛盾,但他提出,“对马克斯·韦伯的发掘是有用的,马克斯·韦伯的歧义性富有魅力,是他广被引证

① 《科学论文集》,第 217 页。

② 同上,第 217—218 页。

③ Ralf Dahrendorf, *Max Weber and Modern Social Science*, 见 W. J. Mommsen 和 Osterhammel 合编的 *Max Weber and His Contemporaries*, London, 1987, 第 574—580 页。

的原因。但是,在这些歧义的基础里有一种核心动力使之结合在一起而牢不可破,使之具有力量和意义。”[①]这种富有启发意义的分析,是对韦伯方法论的多元性质的积极意义的中肯评价。达伦多夫还认为,韦伯理论所提供的多种功用证明了他的著作的生命力。“孔德和斯宾塞已成为社会科学的博物馆标本。马克思被请去保佑那些需用标签赋予他们作品以重要性的人。帕累托,以及在一定程度上,杜尔凯姆,则出于一些特殊的原因而被人记起。韦伯的无所不在至少是在‘软’社会科学中使得无人可与他匹敌,同时证明了把他称为奠基者和权威的正确性。”[②]达伦多夫关于马克思的评价当然是不能苟同的。马克思在一个更加普遍的意义上无所不在,无论人们对他持什么样的态度,他的学说对于当代人类社会和社会科学的影响远在韦伯之上,这是一个无可驳斥的事实。但是达伦多夫关于韦伯与孔德等人的比较评价则是中肯的,而这又给他关于韦伯方法论的多元性具有重要积极意义的观点[③]提供了一个旁证。

2. 客观性问题。(1)韦伯认为,科学的标志是客观性,文化科学在划清自身与自然科学的界限的同时,依然必须证明自身的客观性。因此,我们看到,韦伯重要的方法论著作一方面论证文化科学的价值关联前提和特殊的理解方式,另一方面一再强调文化科学的客观性要求和标准。就本文所讨论的内容而言,韦伯的方法论从两个层次分析文化科学和自然科学的区别,即哲学的解释和

① Ralf Dahrendorf,*Max Weber and Modern Social Science*,第 580 页。

② 同上,第 579 页。

③ Ralf Dahrendorf,*Max Weber and Modern Social Science*,第 574 页。

方法的论证。对于韦伯来说，文化科学之独立于自然科学的哲学解释这一项主要工作，已由他的精神导师们大体完成了。他在这方面所能成就的主要是融合狄尔泰和李凯尔特的观点，避免两人的偏颇，弥补彼此的不足。他是一个社会科学家，因此对他来说，最为实际且重要的就是建立不同于自然科学而又能够保证其客观性的文化科学方法。建立这样的方法在韦伯那里也就是确立文化科学的逻辑。

如果从细处着眼，韦伯所建立和运用的方法可以列出不少，不过最为基本、最为重要的就是理想类型。理想类型后来演变成为模型的方法，后者在现代社会科学研究中有其广泛而有效的运用。但是，在韦伯原有的意义上，我们很难说它能保证文化科学具备不亚于自然科学的客观性而又不失自身的特点。价值关联是理想类型得以成立的根据，但正是这个根据使它带上了很大的主观性片面性；而由主观设想出来的理想联系形成的逻辑，又使它与实在自身联系的逻辑结构保持相当的距离。不仅如此，由于这两方面的原因，对于同一文化事件，每个人尽可以构造出大相异趣的理想类型，因而它也无法具有主观际的有效性，而这种有效性则是客观性的重要标志之一。当然，韦伯最终的目的是在于获取实在的知识，找出文化事件本身的因果联系。理想类型如前面所说仅仅是达到如此目的的手段，与自然科学的规律不同，它本身不成为目的，也不需要通过检验而得到证实。既然如此，韦伯倘要维持科学客观性的原则和完成文化科学的经验任务，就应该解释经验科学知识的逻辑特点是怎么样的，换言之，他应该解释，这种知识以何种理论形态为其形式，它与理想类型有什么区别，关系怎样。韦伯虽然全力反对用规律来取代文化科学对于文化事件特殊性的认识,但并不否认文化事件本身是有联系的。在他看来,恰是因为文化事件所包含的联系的无限性,使得寻求规律的做法毫无现实的意义。然而,文化科学既然要达到对于具体文化事件的认识,那么它就得从理论上对这种知识的客观性作出规定,即使它具有完全的特殊性,也不妨碍人们对于这种特殊性的普遍承认。

韦伯在具体的研究中常常表现出使理想类型实在化的倾向,这样便把两种在性质上根本不同的东西混淆起来,从而使关于实在的经验知识失去自身的独立地位,而与理想类型一样变成极为相对的东西。如果在这种情况下把他的方法论观点贯彻到底,那么,人们在社会生活领域内只能获取零碎而无定型的东西,它处于不断的变换之中,乃至于成为一种无法与之对话的东西。事实上,韦伯的实际研究常常与他的方法论保持一定的偏离,理想类型和实在联系的某种混同就是一例。这样,反而在一定程度上弥补了他的方法论的缺陷,使他的经验研究具有更大的普遍性和较高程度的客观性,而不致成为彻底的相对主义。

韦伯的方法论虽然从总体来说是一致的,这就是说其中的方法对于各门社会科学当是一般有效的,但无可讳言的是,其中关于历史学的考虑与关于社会学和经济学的考虑之间存在着一定程度的差异,并且在韦伯的后期著作中,这种差异益趋明显。如果说历史学是从发生学的角度来考虑文化事件的一次性形成过程,韦伯的社会学则试图找出一般人的行动和社会行动的理想模式。倘无主观的非理性因素和外在条件的影响,它们可以是普遍发生的事件,因此它们仅仅是典型[①],一种纯粹的类概念,而类概念在韦伯看来是与实在相符合的。不过,即使如此,它与规律还不可等同视之,它们之间不但有量的差别,而且还有质的不同。因为无论如何,理想类型仅仅是认识实在特殊性和个别性的手段,而非任何其他东西,在这一点上,社会学的方法与历史学的方法不可能有根本的区别。因此,虽然理想类型蕴涵了一般化的倾向,在一定程度上与实在自身的联系及其知识趋于一致,就如上面所说的那样,但这种一致自然是有限的,并未使理想类型具有经验科学规律那样的一般有效的客观性。

(2)韦伯方法论中始终存在着特殊性(个别性)与一般性的冲突。我们可以从两方面来分析这个冲突。一方面是概念的一般性和对象的特殊性的矛盾。任何概念都是一般的东西,因此借概念把握的内容都被一般化了,具有一般性的特征,亦即客观性,它们是主体际可传达的,因而不仅可为自己也可为他人所证实或否证。完全的特殊性只存在于主体的体验之中,狄尔泰和韦伯把这种体验看作文化科学特殊性的前提。价值关联和价值解释,尤其后者首先是一种体验层面上的东西,一旦被表达出来,它们便会失却这种独特性。于是我们看到,文化科学作为经验科学必定要把它的成果用概念的形式表述出来,而这样就必然失却它完全的独特性,顶多只具有相对独特性。如果一般地说,那么这种独特性只在于表示了一般性的概念相互之间排列组合的不同。由于真正独特的

① 多数韦伯学者在这一点上取得了一致意见,参见 T. Burger:*Mar Weber's Theory of Concept Formation*,第 133—134 页;《十九世纪至二十世纪初资产阶级社会学史》,第 275—277 页。

东西无法表达为一种客观的东西,它不仅不可能借助主体际的可传达性而得到验证或否证,甚至连主体自己也无法分辨各种不同的独特性之间的差异。因此,独特性也就消失了,陷于一片混沌之中。由此我们看到,即使要确定独特性也必须依赖于一般的概念,使之表述出来成为客观的东西,但这样一来,它就不复为完全的独特性,而是一种一般的东西,尽管这种一般性的程度可以因情况的不同而有很大的差异。在韦伯那里,由于价值无涉原则的要求,除选择某一事件这一事实之外,主观所感受到的独特性根本无法在认识结果中体现出来,因为实在的逻辑联系按照这个原则在我的眼里与在他的眼里应当是同样的,这就是说,在所揭示的联系中至少包含着可在主体际共同确认的因素。特殊性在这个意义上成了无法宣明、无法传达的内在状态。

同样的困难也发生在理解问题上。人的内在状态是完全私我的领域,但是我们如要达到对于人的行动的独特性的了解,就必须进入行动者的这个私我领域。承认理解的可能性,实际上就假定了在有相同的环境条件和价值取向的情况下,人的内在状态的变化有一定的规则性,否则神入理解纯属无稽之谈。这样一来,文化事件本身的精神内容的独特性看来也只有相对的意义,不再是完全的一次性发生的东西了。

主体性和客体性,特殊性和一般性的冲突也是韦伯方法论呈现出相对主义色彩的基本原因。坚持绝对的主观性和特殊性,实际上会使任何科学的认识都不复可能,当然也就无所谓相对主义了。因为没有一定程度的确定性,一切都是混沌。韦伯的相对主义承认文化事件联系的无限可能性,人类认识这类事件的角度变换的无限可能性。但是，韦伯认为，从某一特定的立场入手，凭借理想类型，我们能够认识这个无限世界之中某一部分的因果联系，而这至少表明了某种解释和认识的可能性，我们对此事件可有一种相对清楚的知识。但是这种解释和认识不是唯一的，更不是绝对有效的，它会随观点和方法的不同而发生变化。伽达默尔认为狄尔泰难以完成的任务是“把‘历史的意识’与科学的求真从理论上加以调和”。[①] 而在我看来这实际上也是韦伯社会科学研究及其方法论想要完成的任务。但是亦如伽达默尔所说，韦伯的工作尚多局限性。这无非是说，调和本来就不可能达到彻底性。不过，韦伯的功绩在于指出了解决社会科学实践问题的多种可能性，提出许多迄今还待人们深入探讨的问题，而不在于他是否利用这种可能性解决了全部的问题。解决这些问题，或正确地说，找到更加切近地分析和把握这些问题的途径和方法，就如前面所说的那样，首先当是哲学的劳作。当代解释学在这些问题上所花费的巨大精力说明了这些问题的困难，同时也说明了韦伯方法论触及了问题的难点。

3. 韦伯方法论与历史唯物主义。历史唯物主义是韦伯方法论的对立面，批评历史唯物主义是韦伯方法论的重要内容。批评的矛头主要针对历史唯物主义的自然主义倾向，即试图在社会科学领域建立某种普遍有效的规则，以及强使一切历史的因果解释最终归溯到某种经济因素的做法。毫无疑问，韦伯对历史唯物主义的理解是有相当的片面性的，因为历史唯物主义在马克思那里

① 转引自《哲学译丛》，1986 年第 3 期，第 5 页。

所包含的内容实际上比一般人所误解的要丰富得多,它决不仅仅是经济决定论。[①] 但是我们必须承认,在韦伯的社会科学方法和历史唯物主义之间确实存在着严重的对立:历史主义与自然主义,价值关联、理想类型与社会规律,关于文化事件知识的相对性和社会发展的客观必然性的等等。方法论上的这些对立与他们各自解释社会历史现象时的对立是密切相关的。比如,在韦伯看来,现代资本主义的产生决不是必然性的事件,而只是历史发展多种可能性之一种的实现,如果促使这种可能性实现的某些因素之间的联系发生变化,历史完全可能有另外一副面貌。

但是,我们同样必须注意,至少在方法论范围之内,韦伯与马克思之间的对立不是价值观念上的冲突,而是对于科学本身的性质及其方法见解上面的分歧。凡读过韦伯著作的人都可以得出一个结论:他对马克思的理论抱着极其诚恳和尊敬的态度。虽然他不想调和自己和马克思之间的对立,但却不否认马克思所创立的方法和一些重要的概念结构具有很大的理论价值。他甚至在一些具体的研究中运用了马克思的某些方法。即使对于马克思关于经济基础在社会中起决定作用这一历史唯物主义的核心观点,韦伯也表示有限度的肯定。他认为,"从社会现象和文化事件受到经济制约和影响的角度对它们进行分析无疑是一个富有创造性的原则,而且只要审慎地使用和摆脱教条主义的偏见,在可以预见的将

① 韦伯的批评参见《科学论文集》第 167 页。据有些资料表明,韦伯并未能完整地阅读马克思、恩格斯的著作,因而造成一定程度上的理解偏差。见《理性化及其限制》第 319 页。

来它也仍然是这样的原则。”[①]当然,韦伯是从理想类型的意义上来解释和肯定马克思概念的方法论价值和正确性的。鉴于上述的事实和分析,我们便可以有把握地说,虽然韦伯经常地批判历史唯物主义的观点,他自己所从事的工作却决不在于全盘推翻马克思对社会历史,尤其对于现代资本主义发展的解释,而是试图从另一个角度出发作出另一种解释。在他看来,即使马克思的解释是有道理的,也不会就是唯一可能的解释,更何况马克思也可能忽略了在社会历史中发挥作用的其他因素呢。于是,韦伯的许多具体研究与其说意在于否定马克思的理论,不如说他意在于补充马克思的理论。甚至对于新教伦理和资本主义精神这一研究也当作如是观。

马克思主义深刻地影响了人们对于社会历史和科学自身的看法,但它并不是一个完成了真理的体系,仍然需要面对历史提出的新问题不断发展和补充。这种发展既可以是来自身的改善也可以是来自外部的促进。现代社会历史的发展带来了为马克思主义理论创始人当时所未遇到和未预料到的无数社会历史的新现象,它们向马克思主义提出了必须给以回答的问题。要承担和完成这一伟大的历史重任,自然需要进行具体的考察和研究。但是这种考察研究的成功与否还需要方法论变革的前提。韦伯的方法论思想至少可以说为这种变革提供了十分有益的参考。

① 《科学论文集》,第 166 页。

目　　录

社会科学认识和社会政策认识中的"客观性"[①]

(1904年[②])

在我们看来,一份社会科学的并且同时也是社会政策的杂志,在发行之际或易手于新编辑部之时,常被问及的第一个问题是,它

① 下文第一部分中无论以编者的名义明确地作出的论断,还是给《文献》所定的任务,自然都与作者的个人观点无涉,而所述观点都经编者同仁一致同意。作者只对第二部分的形式和内容负责。

《文献》将决不陷入对某一学派意见的偏爱,而对此的保证便是,不仅投稿者的观点,而且编者的观点,甚至在方法论方面都绝不会全然一致。当然另一方面,在某些基本观点上面的一致是编辑部共同承担责任的前提。这种一致特别出现在有关以"片面的"观点评价理论认识的价值的方面,以及有关要求建立如这里所提倡的经验知识与价值判断的分明的概念和严格的区别——当然我们并不要求就此提出某种"新东西"。

讨论的广博(第二部分)和同一思想的不断复述有助于达到使这些论述尽可能地通俗易懂这唯一的目的。为了这一益处,许多——但不是太多——表述的精确牺牲掉了,并且出于同样的缘故,我们这里完全放弃了让一种系统的研究代替彼此并列的几种方法观点的尝试。这种系统的研究会要求我们涉及大量的认识论问题,其中的一部分比这里所涉及的要远为深入。我们不想在这里促进逻辑,而想使现代逻辑的众所周知的成就能为我们所用,我们不是想在这里解决问题,而是想使外行易于理解它们的意义。那些熟悉现代逻辑学家——我只引证文德尔班、齐美尔以及出于我们的目的特别引证海因里希·李凯尔特(Heinrich Rickert)——著作的人,立即就会注意到,本文的所有重要方面只是与他们密切相关。

② 这篇论文发表于《社会科学和社会政策文献》由维尔纳·松巴特(Werner Sombart)、马克斯·韦伯、爱德加·雅费(Edgar Jaffé)接手编辑部之际。——玛丽安妮·韦伯(A. Marianne Weber)注。

的"倾向"是什么。确实,我们不能回避这个问题,我们将依照我们在"前言"中的意见,以提出某种原则问题的方式来着手探讨它。这就提供了从某些方面澄清我们所说的"社会科学"研究性质的机会,这种澄清如果于专家无用,那么于一些远离社会研究实践的读者仍然是有用的,即使或者毋宁恰恰是因为它涉及了"自明性"。

除了扩展我们关于"所有国家的社会状况",亦即社会生活的事实的知识之外,《文献》自创刊来已申明的目的还包括关于社会实际问题判断的训练。并且因此——自然是以十分节制的方式,在这种方式下这个目的能够得到民间学者们的支持——也包括对于实际的社会政策乃至于对实际的立法工作的批判。但是,尽管如此,《文献》从一开始起就坚持要成为专门的科学杂志,唯科学研究方法是用,于是首先就产生了下面的问题:上述目的如何能使自身与只使用这种手段的限制在原则上协调起来。如果《文献》在字里行间允许对立法和行政的分立规则或对这些规则的实际建议做出评价——那么这意味着什么?这种判断的标准是什么?比如由评价者那方面所作的,或者提出实际建议的作者视作此建议基础的价值判断的有效性是什么?评价者和作者在何种意义上因此而处于科学讨论的范围内,因为科学认识的标志必定存在于它们作为真理的结果的"客观"有效性之中?我们首先就这个问题陈述我们的立场,以便尔后在此基础上探讨下面这个更进一步的问题:在什么意义上,在一般文化生活科学的领域中存在着"客观有效的真理"?——鉴于我们学科的明显的最基本问题,它的研究方法,它建立概念和概念有效性的方式时常发生变化和引起激烈斗争,这个问题是无法避免的。我们在这里并不试图提供答案,而只欲揭示问题——这类问题是我们的杂志为了胜任它迄今为止和将来的任务所必须予以注意的。

一

众所周知，我们的科学，诸如以人的文化制度和文化事件为对象的一切科学，或许政治史算是例外，在历史上都首先以实际的立场为出发点。对国家的某些经济政策的措施做出价值判断是其最切近的、几乎是唯一的目标。它是“技术”，这样说的意义与比如说医学科学的各临床学科也是技术的意义是相同的。现在已经知道，在未作出“存在的”和“应该存在的”知识之间的原则区别之前，这种地位是如何逐渐地变动的。不同意这种区别的第一种意见是，不可变更的同一自然规律支配着经济过程；第二种意见是，一种明确的发展原则支配着经济事件。就是说应该存在的或者——在第一种情况下——与无可变更的存在，或者——在第二种情况下——与无可避免的生成恰好相合。随着历史意识的觉醒，于是一种伦理进化论和历史相对论的结合在我们的科学中占了统治地位。它试图剥去伦理规范的形式特点，通过把整个文化价值置入“道德”范围内的关系之中来从内容上规定文化价值，这样便把国民经济学抬上以经验为基础的“伦理科学”的崇高地位。由于一切可能的文化理想的总体被贴上了“道德”标签，伦理绝对命令的特殊尊严就被弄得消失殆尽了，而对那些理想的“客观”有效性仍然没有什么促进。然而，就此所作的原则讨论在这里可以和必须放在一边。我们仅仅指出这样一个事实：认为国民经济学从一种特殊的"经济世界观"出发做出并且必须做出"价值判断"这种模糊不清的观点今天非但尚未消失,而且——我们不难理解——在那些实践者中颇为流行。

正如我们想立刻预先说明的那样,我们的杂志作为专门的经验学科的代言者必须从根本上拒绝这个观点,因为我们以为:经验科学的任务决不可以是获取糅合在一起的规范和理想,以便能从中推演出可用于实践的处方。

但是,从这个命题所得出的结论是什么?它决不会是说,因为价值判断最终立足于某些理想,因而有其"主观的"源泉,所以它归根到底应从科学讨论中排除出去。的确,我们杂志的实践和目的会一再否定这样的命题。批判并不因价值判断而中止。问题毋宁是,对理想和价值判断的科学批判意味着什么,目的是什么?这个问题需要作稍为详细的考察。

一切关于人类有意义行动的基本成分的思考首先与"目的"和"手段"这两个范畴直接联系在一起。我们意欲某物,实际上或者是"为了它自身的价值",或者它是有助于获取最终所欲的东西的手段。手段对于既定目的的适用性一开始就可以通过科学研究而无条件地获知。因为我们(在我们当时的知识界限之内)能够有效地确定,哪些手段适宜于或不适宜于达致先定的目的,这样,我们可以凭借这个方法权衡利用某些可支配的手段最终达到某一目的的可能性,因而我们又可以根据当时的历史状况间接地把目的的设立本身评判为实际上有意义的,或者相反评判为对于既定的各种情形而言是无意义的。当看来有一种达到一个先定目的的可能性时,我们能够进一步——自然,始终是在我们当时认识的界限内——规定这样一种结果：由于一切事件相互联系，除了可能达到所设定的目的之外，使用必需的手段也会产生这类结果。我们随后给行动者提供相对于他的行动所意欲的结果来权衡这种并非所意欲的结果的可能性，并回答这个问题：以预定损失其他价值的形式达到所意欲的目的所“付出的代价”是什么？因为在绝大多数情况下，每一个所追求的目的在这个意义上都“付出”些代价或可能会“付出”些代价，所以任何有责任感的行动者的自我思考都不能忽略对于彼此对立的行动的目的和结果的权衡，而使这种权衡得以可能的则是我们到目前为止所考察的技术批判的最根本的功能。但是，从权衡本身进到决定，当然不再是科学力所能及的任务，而是有所欲的人的任务：他按照自己的良知和他个人的世界观在各种相关的价值之间进行斟酌和选择。科学帮助他意识到，所有的行动，自然也包括视情况而定的不行动，都意味着在结果中赞成某些价值，因而——今天人们特别不喜欢承认的——总是意味着反对另外一些价值。进行选择是他自己的事情。

为使他做出决定，我们还能进一步提供的就是认识所意欲的东西本身的意义。我们能够教导他依照联系和意义去了解他所意欲的和在其中作出选择的种种目的，这里所凭借的方法是阐明并以一贯的逻辑来揭示作为或能够作为具体目的基础的“观念”。因为不言而喻，每一门人类文化生活科学的最基本的任务之一就是从精神上来理解这些“观念”。人们或实际地，或想象地为这些“观念”进行了斗争和正在为这些“观念”而斗争。这没有超出追求“对经验实在从思想上进行整理”的科学的界限，虽然用来这样解释精神价值的手段几乎不是通常意义上的“归纳”。不过，按照一般专门化的劳动分工，这个任务至少部分地落在专业经济学科的范围以外：这是社会哲学的任务。然而，观念的历史力量过去和现在对于社会生活的发展仍然如此巨大，以至于我们的杂志非但决不能逃避这个任务，对它的关切反而要划入我们最重要的职责范围之内。

但是，对价值判断的科学研究不仅可以进一步理解和神入所意欲的目的和作为其基础的理想，而且主要还可以教人批判地"评价"它们。这种批判自然只能具有辩证的性质，亦即它只能是一种对于历史上既有的关于先前材料的价值判断和观念的形式—逻辑的评价，一种依照所意欲的东西的内在无矛盾性的公设而对理念的检验。由于它给自己设立了这个目标，它便能够帮助有意欲者去自我反思那作为他意欲内容的基础的最终公理，反思他无意识地预先设定或——为了前后一贯——必须预先设定的最终的价值尺度。使人们意识到这种显示在具体的价值判断之中的最终价值尺度，当然是它不必踏入思辨的领域就能成就的最后工作。至于判断的主体是否应该拥护这些最终的价值尺度，完全是他个人的事情，是他的意欲和良知的问题，而非经验认识的问题。

经验科学无法向任何人说明他应该做什么，而只是说明他能做什么——和在某些情况下——他想要做什么。确实，在我们的科学领域内个人的世界观甚至习惯于不断地影响科学论证，并且根据结果减少或增加个人理想实现的机会，即意欲某一特定事物的可能性的情况不同，即使在查明简单因果联系的范围内也一再地抹煞科学论证的重要性，容许对之作出种种不同的评价。就这方面而言甚至我们杂志的编辑和撰稿人确实也会"认为人的本性概莫能外”。但是从有关人类弱点的这种认识出发需经一段漫长的道路才至于相信一门“伦理的”国民经济学科学，而国民经济学必须从它的材料中得出理想或通过把普遍的伦理绝对命令用于它的材料而制造出具体的规范。——更确实无疑的是：正是“个人”的最内在的因素，规定我们的行动、赋予我们的生活以意义的最高和最终的价值判断，才是某种我们感到有“客观”价值的东西。我们之所以能赞成这些价值判断，只是在它们向我们表现为有效的，表现为出自最高的生活价值的时候，因此，也就是它们在与生活困难的斗争中显现出来的时候。的确，“个人”的尊严在于这样一个事实：对他来说存在着一种维系自己生活的价值，——这种价值在个别的情况下甚至唯一地存在于自己独具的个性的范围之内；于是，“自我充分发展”在具有他可向其要求作为价值有效性的益处时，才是他用以指导自己的观念。无论如何，只有在有价值信仰的前提下，实际地赞成价值判断的努力才有意义。但是，评价这种价值的有效性，是信仰的事情，同时或许是一种根据生活和世界的意义对它们进行思辨的考察和解释的任务，但是就应在这里维护这种价值有效性这一层意义而言，这的确不是经验科学的课题。那些最终的目的在历史上是可变动的和有争论的，这个可由经验证明的事实并不怎么影响上面这种区分，而这一点正与一般的想法相反。因为，即使有关我们理论科学——比如，精确的自然科学和数学——最可靠的命题的认识亦如良心的增加和净化一样，只是文化的产物。我而，当我们特别地考虑到经济政策和社会政策（一般意义上）的实际问题时，我们看到，存在着许许多多，甚至无数的实际的个别问题，在讨论这些问题时，人们在各方面协调一致地从某些不言而喻地给予的目的出发，比如，这些问题有紧急贷款，社会卫生和贫民救济的具体任务，诸如工厂视察、行业法院、职业介绍、大部分的劳动保护立法一类的规则——总之，在这些问题中，至少在表面上，只有达到这些目的的手段才是成问题的。但是，即使我们想在这里——科学假若如此行事决不会不受惩罚——把自明性的假象认作真理，想把由实际贯彻的尝试而引起的矛盾看作合目的性的纯粹技术问题——通常是不正确的——我们也仍然必须注意到：当我们从仁慈的——警察式的福利照顾和经济照顾上升到经济政策和社会政策问题时，这种起调节作用的价值尺度的自明性的假象便立刻消失了。一个问题的社会政策性质的标志直接就是：它无法根据从确定的目的出发的纯粹技术上的考虑而得到解决。围绕种种起调节作用的价值尺度本身，能够和必定会引起冲突，因为这已属一般文化问题领域内的突出问题。冲突不仅发生在我们今天很乐意相信的种种"阶级利益"之间，而且也发生在种种"世界观"之间——当然，这丝毫未影响到下面这个真理：就个人赞成哪些世界观而论，除了其他的因素之外，个人将这些世界观与他的"阶级利益"——我们这里姑且承认一次仅在表面上明确的概念——结合起来的亲和力程度确实是以相当的分量起着决定作用的。无论情况如何，有一点是确确实实的：所涉及的问题愈"一般"，在这里也就是说，问题的文化意义愈广泛，通过经验认识获知一个明确的答案就愈不容易，个人信仰的最高公理和价值观念在其中发挥的作用就愈大。以为能够首先为实际的社会科学提出"一条原则"并证明它在科学上是有效的，然后便可从中明确地推出用于解决实际的个别问题的规范，纯属天真，尽管一些专家仍然不时提出这样的见解。无论社会科学如何需要探讨实际问题的“原则”，亦即把无反思地油然而起的价值判断归结为它们的观念的含义，无论我们的杂志如何特别着意地致力于这种探讨，——以普遍有效的最终理想的形式创造一个于我们的问题实际通用的标准，确实，既不是它的任务，也毕竟不是任何经验科学的任务。这样的做法不仅是实际上行不通的，而且其本身也是荒谬的。无论伦理绝对命令的约束的基础和方式可作何种解释，确切无疑的一点是，文化内容无法从它们推论出来，一如无法从用于受到制约的个人具体行动的规范中如所要求的那样明确地推论出来。而且有关的内容愈广泛，我们愈无法这样做。唯有积极的宗教——更准确地说，受到教条束缚的教派——才能够赋予文化价值的内容以无条件有效的伦理信条的地位。除此之外，个别人所要实现的文化理想与他所应当履行的伦理责任在地位的崇高方面是根本不同的。已经吞噬知识大树的文化时代的命运乃是必须知道如下一点：我们不可能从对那个时代的详细研究的结果中获知世界大事的意义，即使是这个结果极其完善；相反，我们必须能够创造出意义本身；“世界观”决不可能是增长着的科学认识的结果；那些最强有力地推动我们的最高理想始终只是在与其他理想的斗争中发挥作用，而其他的理想之于其他人，就如我们的理想之于我们，亦是同样地神圣的。

惟有时或作为相对主义历史发展观的产物的乐观主义的混合说，能够或者故意对这种极其严肃的事实情况视而不见以欺骗自己，或者在实践中回避它的后果。不言而喻，在个别的情况中，从主观方面来说，政治家的实际责任恰恰是调解既有的对立观点，而不是支持其中一方的意见。但是,这与科学的"客观性"毫无关系。"中间路线"不比最极端的右的或左的党派理想多一丝一毫的科学真理。科学的利益被完全地取消的情况只发生在一个地方,在那里人们不想正视令人厌烦的事实和艰难的生活现实。《文献》将不遗余力地与一种严重的自我欺骗进行斗争,这种自我欺骗认为人们能够通过对多种党派观点的分析或者依据贯彻于其中的对角线获得具有客观有效性的实践规范。因为,由于它喜欢以相对主义的方法掩盖它自己的价值尺度,所以它对研究的无偏见来说,比认为它们的教条具有科学的"可证明性"的古老天真的党派信仰要危险得多。区别认识和评价的能力,既履行了解事实真理的科学责任,又履行提出自己理想的实践责任,就是我们迫切想要重新适应的东西。

不论一种论证是求助于我们的感情和能力而使我们倾心于具体的实际目的或倾心于文化形式和文化内容,还是在伦理规范的有效性尚成问题的同时求助于我们的良心,或者最后求助于我们以某种方法在思想中整理经验实在的能力和要求,而这种方法提出了作为经验真理的有效性的要求,它们之间始终存在着——这正是为我们所关切的——不可逾越的区别。我们将会看到,那种实践利益的最高"价值"对于规整思想的活动在文化科学领域内每次选取的方向具有并将始终具有决定性的意义,尽管如此,上面的命题依然是正确的。因为确实无疑而且仍将确实无疑的是,社会科学领域内一种方法上正确的证明,如果会达到自己的目的,那么它即使在中国人那里也必须被承认为是对的或者——更正确地说来——它无论如何必须努力达到这一点,即使也许由于材料的缺乏这一点不可能完全达到；进一步说，对于理想的内容和其终极公理的逻辑分析，对于以逻辑的和实践的方法从它那里推论出来的结果的揭明，如果可能成功的话，那么即使对于中国人也必定是有效的——与此同时，这位中国人可能不知道该怎么“听取”我们的伦理绝对命令，他可能拒绝并且的确通常将会拒绝理想本身和由此而来的具体“评价”，而这并不因此损害了那种思想分析的任何科学价值。的确，我们的杂志大概不会忽视明确地规定文化生活的意义这个始终无法避免而一再重现的尝试。相反，它甚至属于这种文化生活的最重要的结果，在某些情况下也属于推动这种文化生活的最强大的力量。因此，我们将随时谨慎地注视甚至这种意义上的“社会哲学”讨论的过程。而且进一步说，我们的杂志完全没有这样一种偏见：仿佛那试图超越对于经验事实的思想整理而从形而上学方面来解释世界和关于文化生活的考察，或许已经由于这种特点的缘故而不能完成任何有益于认识的任务。这个任务存在于什么地方，自然首先是一个认识论的问题，相对于我们的目的来说，有关它的答案在这里必须而且也可以置于不顾。因为我们在自己的工作中坚持一点：一份我们意义上的社会—科学的杂志，就它从事科学而论，应该是一块寻求真理的地方，而这个真理——依用上文的说法——即使对于中国人来说，也要求有在整理经验实在方面的有效性。

当然，编辑们既不能一劳永逸地禁止自己，也不能禁止他们的撰稿人甚至以价值判断的形式表达出使他们具有活力的理想。然而，两个重要的责任由此而产生出来了。第一个责任是使读者和他们自己在每时每刻都分明地意识到他们是依赖什么尺度来衡量现实并导出其价值判断，而不是如通常的情形那样，通过各种不同的价值彼此之间不精确的挪移而在理想的冲突方面来回欺骗自己，同时想“给每个人都提供一些东西”。倘若严格地尽到了这个责任，那么实践中所取的评价态度不仅于纯粹的科学利益是无害的，而且是直接有用的，并且确实是必要的。在科学地批判立法的和其他实际的建议时，对于立法者动机的澄清和对所批判的作者的理想在其影响所及的范围内的揭明，通常除了通过把它们据以为基础的价值尺度与其他人的、当然更高明的是与自己的价值尺度进行对照之外，是无法以直观易懂的形式来完成的。一切对于别人的意欲的有意义评价都只能是出自于自己的“世界观”的批判，以自己的理想为根据与别人理想所作的斗争。所以，如果在个别的情况中作为实际的意欲基础的终极价值公理不仅应该得到规定和科学的分析，而且应在它与其他价值公理的关系中得到说明，那么凭借对后者的系统阐释而作的“积极的”批判就是必不可少的了。

因此，在这本杂志的篇章之中——尤其在讨论法律时——除社会科学，即关于事实的思想整理之外，社会政策，即关于理想的说明，便不可避免地要占一席之地。但是，我们并不打算把这种讨论混充为“科学”，我们将竭尽全力提防使这两者彼此融合混淆起来的情况。科学在这里不再有发言的余地。因此之故，科学无偏见的第二个基本要求便是，在这样的情况下，要使读者（并且——再说一遍——首先是我们自己本身）随时都明了：在什么地方科学研究者开始沉默而有意欲的人开始说话，在什么地方论证求助于理解，而在什么地方则求助于感情。科学讨论与评价性的推断之间的不断混淆仍然是我们专业研究中散布最广而且危害最大的特点之一。前面的论述直接反对这种混淆,而决不反对申明自己的理想。无信念和科学的“客观性”之间毫无内在的近似性。——《文献》至少依其意图不曾是,将来也不应当是从事反对某些政治或社会政策派别的论争的场所,同样也不是招徕赞成或反对政治理想或社会政策理想的观点的场所。另有其他刊物从事这种工作。这个杂志的特点其实从一开始就在于,并且只要它还在这些编辑掌握之中,今后应仍在于,针锋相向的对手会聚在这里从事科学工作。它迄今不是“社会主义”的刊物,将来也不会是“资产阶级”的刊物。它不把任何一个愿意立足于科学讨论基础之上的人排斥在撰稿人的圈子之外。它不可能是“反驳”,答辩,再答辩的游乐场,但是,它也不在哪一页上庇护任何人,无论它的作者或它的编辑,使其免于可以想见的最尖锐的实际的—科学的批判。谁不能忍受这一点,或谁,即使为了服务于科学也仍然执意不想与那些为不同于他的理想而工作的人合作,他自可以对此杂志敬而远之。

但是,我们不想在这一点上欺骗自己——上面最后那句话所包含的意思实际上现在比乍看起来可惜要多得多。首先如已所暗示的那样,与政治上的敌人无偏见地聚在一个中立的地方——无论社会的或精神的——可能性,依照一般的经验,特别在德国的环境中,可惜有其心理上的限制。这种情况本身作为党派狂热的局限性的和落后的政治文化的标志,虽然应对之进行无情的斗争,但对于我们这样的一份杂志来说,它却由于后面的事实整个地得到了根本的加强:根据经验,在社会科学领域内,提出科学问题的动机总是由实际的“问题”产生出来的,因而,在一个兼有多种身份的人那里，单单承认科学问题的存在就是与活生生的人的具有特定指向的意欲联系在一起的。在这个由于受到具体问题的普遍利益的影响而问世的杂志上，总有一些人因此而作为撰稿人聚集在一起，并且接受新成员，这使杂志至少在处理实际的—社会政策的问题时带有一定的“特点”，而这个“特点”是有活生生感受的人的一切合作不可避免的伴生现象。他们对于问题所取的价值立场在纯粹的理论研究中也并不总是完全被压制了，而在对实际的建议和措施作批判——在上面所论述的前提下——时也完全合法地表达了出来。《文献》问世之时，正是某些实际的“劳工问题”（在这个词的传统意义上）成为社会科学讨论热点之际。在一些人看来，《文献》所要处理的问题是与最高的和决定性的价值观念结合在一起的，他们因此而成为《文献》最经常的撰稿人，这些人因而也同时支持一种具有与那些价值观念一样或至少具有相似色彩的文化观点。大家还知道：尽管这个杂志明确地限定自身于“科学的”讨论，尽管它明确地邀请所有政治阵营的成员撰稿，尽管这些都表明它断然不愿追随某种“倾向”，尽管如此，它的确仍具有前述意义上的“特点”。这种特点是由杂志的稳定的作者圈子造成的。尽管其观点还有种种其他分歧，但他们一般是这样一些人，他们都把保护工人阶级的身体健康，使他们有可能提高分享我们文化的物质和精神财富的水平，看作自己的目的——但是他们所设想的手段是：国家对物质利益范围的干涉和现存的国家制度和法律制度继续自由发展两者的结合，他们——无论他们关于遥远的未来社会制度结构的看法会是什么——认可当代的资本主义发展，这不是因为资本主义看来比以往形成的社会结构更好，而是因为它在实际上是不可避免的，试图对它进行一场根本性的斗争在他们看来不是促进而是妨碍工人阶级文化程度的提高。在那种今天出现在德国的社会状况——它们不需要在这里给予进一步的解释——中，这曾是不可避免的，而在今天它也会是不可避免的。的确，这在实际结果方面直接有助于参与科学讨论的广泛性，而且它也是我们杂志的力量要素，并且，在某种情况下它们或许甚至就是杂志合理存在的权利。

毫无疑义，对一份科学杂志来说，这种意义的“特点”的发展可能意味着对于科学研究无偏见性的威胁，而当作者的选择是有计划地单一化时，那么实际上必定存在着这种威胁。在这种情况下，培养这种特点实际上就等同于一种“倾向”的存在。编辑们意识到这种事态给他们带来的责任。他们既不打算有计划地更动《文献》的这种特点，也不打算通过有意识地将作者圈子局限于具有某一党派观点的学者而人为地保持这种特点。他们把它作为既有的东西接受过来，期待它的进一步“发展”。它在将来取何种形式，和由于我们作者圈子的不可避免的扩大它会如何改变，则首先取决于这样一些人物的特性，他们抱着服务于科学研究的宗旨进入这个圈子，成为或一直是杂志的为人熟悉的作者。这还进一步受到问题的拓展的影响，而杂志把促进问题的拓展视为自己的目的。

通过这些说明我们便涉及了尚未讨论过的我们研究范围的实际划界的问题。然而，若不展开对一般社会科学认识的目的性质的讨论，就无法对此作出回答。由于我们原则上区别了“价值判断”和“经验”，到目前为止，我们就已经假定了：在社会科学领域内，事实上存在着一类无条件有效的认识，亦即对于经验实在的思考整理。因为我们必须讨论我们所追求的真理的客观"有效性"在我们领域内能够意味什么，所以这个假设现在成了问题。问题本身就存在着，而不是这里冥思苦想地创造出来的，这一点是无法回避的，只要我们发现了围绕方法、"基础概念"和前提的斗争，发现了"观点"的不断变换和所使用"概念"的一再重新规定，并且看到了显然无法逾越的鸿沟如何仍然割裂理论的考察形式和历史的考察形式："两种国民经济学"，而这正是一位绝望的维也纳考生所悲哀地抱怨的。"客观性"在这里是什么意思？下文所要讨论的就是这个问题。

二

这个杂志从一开始就将它研究的对象作为社会—经济学的对象来对待。即使这里的概念规定和科学划界没有多大意义，我们仍然必须简要地阐明：它意谓什么。

我们的肉体存在犹如我们最理想的要求的满足，到处遇到其所必需的外部手段的量的限制和质的欠缺，为了满足它们，需要有计划的准备和工作，与自然和与人的社会联合作斗争，最含糊地来说，这就是基本的事实存在，我们在最广泛意义上称为"社会—经济的"现象的所有现象都是与它联系在一起的。作为"社会—经济的"现象的事件的性质不是"客观地"附着在它自身上的东西。相反，当它自我们在个别情况中赋予有关过程的那种特殊的文化意义产生出来时，这种性质是受到我们认识兴趣指向的制约的。文化事件对我们有特殊意义的基础是其性质，具有这样一些性质的文化事件无论在什么地方直接地或极间接地与那类事实存在相关联，它都包含有，或者在这种联系存在的**范围内**至少可能包含有社会科学的**问题**，亦即包含有这样一门学科的任务，这门学科把解释那种基本事实存在的影响作为自己的课题。

我们现在可以在社会经济学问题的范围内区别这类问题的各种事件和复合体、规范、制度等等，它们对于我们的文化意义主要依赖于它们的经济方面，它们——比如交易所和银行活动的事件——首先且主要只是从**这个**角度来看才使我们感兴趣。当涉及为经济的目的**有意识**地创造出来或被利用的各种制度时，那么情况通常（不过大概并非只是）就是这样。我们可以把我们认识的这类对象称作为狭义的“经济”事件或制度。与此相关还有另外一些方面——比如宗教活动的事件——不使我们感兴趣或者确实并不首先着眼于它们的经济意义以及为此种缘故而使我们感兴趣，但是它们在某种情况下则从下面这个角度获得了意义：因为它们导致了某些我们从经济角度着眼而发生兴趣的**结果**：这就是“经济上”“意义重大的”现象。最后，还有一种在我们的意义上不属于“经济”领域的现象：我们对于它们的经济结果毫无兴趣或没有很大的兴趣：比如某一时期艺术上的审美倾向，——但是，从它们这方面来看，它们在自身性质的某些有重大意义的方面或多或少受到经济动机，比如在我们看来受到有艺术兴趣的群众的社会结构样式的强烈**影响**：这就是**受**经济**制约**的现象。我们称之为“国家”的那种由人们之间的关系、规范、受规范规定的行为组成的复合体，比如就国家财政经济方面而言，是一种“经济”现象；——只要它以立法的或者其他的方式对经济活动产生影响（而且甚至在完全非经济的考虑有意识地规定它的行动的地方），它就是“在经济上有重要意义的”；——最后，倘若它在非经济关系中的行为和特点同时也受到经济动机的决定，它就是“受经济条件制约的”。上面的论述充分揭明了，一方面，“经济”现象周围是一条游移且又明确划定的界限，另一方面，比如一种现象的“经济”方面自然绝不仅仅是在“经济方面”“受制约的”或者只是在“经济方面起作用的”，并且也揭明了，只是在我们的兴趣唯一地专注于一种一般现象在为存在而进行的物质斗争中所具有的意义的范围和时限内，这种现象才保持其“经济”现象的性质。

与自从马克思和罗雪尔（Roscher）以来的社会经济学一样，我们的杂志不仅从事“经济”现象的研究，而且从事“在经济上有重要意义的”和“受经济制约的”现象的研究。这样的对象的范围——它是随着我们当时兴趣的指向而变化的——自然明显地扩及所有文化事件的整体。在满足最非物质的需要是与使用受限制的外部手段联系在一起的地方，特殊的经济动机——也就是那种在对我们有重要意义的特性方面依附于上述基本事实存在的动机——将处处起积极作用。因而它的力量在各处不仅决定和改变满足的形式，而且决定和改变乃至最内在方面的文化需要的内容。这种处于“物质”利益压力之下的各种社会关系，制度和人类团体的间接影响毫无例外地扩及（常常无意识地）一切文化领域，乃至深入审美感受和宗教感受的最微妙的差别之中。日常生活的事件从它那里所受到的影响并不少于高层政治、团体现象和大众现象的“历史”事件从它那里所受到的影响，政治家的“个别的”行动或者个人文学上和艺术上的成就亦是如此，——它们都是“受经济制约的”。

另一方面，一种历史上既定的文化的所有生活现象和生活条件的总体也影响到物质需要的形成、它们的满足方式、物质利益集团的构成和它们的统治手段的模式，并因而影响到“经济发展”过程的模式，——它们是“在经济上有重要意义的”。我们的科学在因果追溯中将经济的文化现象归结为个别原因——无论经济性质的或非经济性质的——，就这一点而论，它追求“历史的”认识。它通过全部最不相同的文化联系跟踪文化现象的特殊因素，即其文化意义上的经济因素，就此而言，它从特定的立场出发追求历史的解释并为整个历史的文化认识提供一个特写，一种准确工作。

凡在经济因素作为结果或原因发生作用的地方，社会—经济的问题就尚未存在——因为这样的问题只出现在这些因素的意义成了问题以及它只有通过应用社会—经济科学的方法才可以切实说明的地方——，尽管如此，社会—经济科学研究领域的边界仍然几乎是一望无垠的。

按照业经深思熟虑的自我限制，我们的杂志迄今为止一般已经不再顾及我们学科中的一系列高度重要的专业领域，特别是像描述性的经济学、较为狭义的经济史和统计学。它同样也已经把关于财政技术问题和现代贸易经济中的市场结构和价格结构的技术—经济学问题的讨论让给了其他的刊物。它的研究领域是某些利益状况和利益冲突的现代意义和历史生成，这些状况和冲突是通过在现代文明[①]国家的经济中寻求利用的资本的主导作用而产

① 为符合一般的习惯用法，韦伯在其方法论著作中常用的文化(Kultur)一词在这里译成“文明”，后面亦视情况而取是译。——译注

生的。然而，它没有将自己局限于上述现实的和发展史的问题，即所谓最狭义的“社会问题”：现代雇佣工人阶级对现存社会秩序的关系。自然，从科学上深入探讨在（19世纪）80年代流布开来的对于这个特殊问题的兴趣，首先是杂志的一个主要的任务。然而，对工人状况的实际处理在我们这里愈是持久地成为立法活动和公开讨论的现象，科学工作的重心就必定愈是转变为去确定这些问题所依属的较为一般的联系，因此愈是汇合到分析所有凭借我们文明的经济基础的性质所创造出来的因而特别是现代的文明问题上来。这个杂志随即就开始从历史、统计和理论诸方面来探讨现代文明民族中其余大多数阶级的极为不同的，半是“在经济上意义重大的”，半是“受经济制约的”状况和它们之间的相互关系。现在当我们把对人类共同体活动的社会经济结构的一般文化意义和这个共同体组织的历史形式的科学研究视为我们杂志独有的领域时，我们只是抽出这些行为的结果。——当我们把我们的杂志命名为《社会科学文献》时，我们所指的正是这个意思而不是任何其他的意思。这个标题在这里应该包括从事对于相同问题的历史的和理论的研究，问题的实际解决是最广泛意义上的“社会政策”的课题。因此我们有权使用其意义通过现代的具体问题得到规定的“社会的”这一术语。倘若人们要把这些从文化意义的角度考察人们生活事件的学科唤作“文化科学”，那么，我们意义上的社会科学也属于这个范畴。我们将很快看到它包含哪些原则上的结论。

毫无疑问，强调文化生活中的社会经济方面意谓我们课题的一个十分明显的界限。人们会说，据以考察文化生活的经济观点，或者如人们含糊其辞地所说的“唯物主义的”观点是“片面的”。的确如此，并且这种片面性是故意为之的。一种信念认为，现行科学研究的任务是通过将经济学的考察方法拓展为一般的社会科学来治愈这种考察方法的“片面性”。这种信念首先有这样的缺点：只是在其伴有某种特定内容的宾辞的时候，“社会”的、亦即人与人之间关系的观点才能获得任何一种足以划定科学问题界线的规定性。否则，它由于被认作科学的对象，自然就包括比如教会史和语言学，特别是所有那些从事任何文化生活中最重要的决定因素即国家的研究和从事国家规范调节的最重要形式即法律的研究的学科。社会经济学从事“社会”关系的研究这个事实并不足以成为把它视为“一般社会科学”的必不可少的先导的根据，正如它关心生命现象这一事实不足以迫使它被视作生物学的一部分；或者又如，它与一个天体过程有关，这一事实不足以迫使它被视作一种将来会有所补充和有所改善的天文学的一部分。科学的研究领域不以“事物”的“实际”联系为依据，而是以“问题”的“思想”联系为依据：凡在以新方法探索新问题并且一种揭示意义重大的新观点的真理借此而被发现的地方，一门新的“科学”就形成了。

“社会的”概念看来具有相当一般的意义，但一旦人们从其运用上来检查它时，它就始终在自身包含着完全特殊的、有特定色彩的、虽然极不确定的意义，这一点并不是偶然的；它的“一般性”实际上不依赖于别的什么而正依赖于它的不确定性。同样，当人们在这个概念的“一般的”意义上接受它时，它并不提供任何人们可据以阐明某些确定的文化因素意义的特殊立足点。

尽管我们已经摆脱了以为文化现象的整体可以作为“物质”利益状况的产物或功能而推演出来的陈旧信条，我们依然从自己这一方面认为:从社会现象和文化事件受到经济制约和影响的角度对它们进行分析是一个富有创造性的科学原则,而且只要审慎使用并摆脱教条主义的偏见,在可以预见的将来它也仍然是这样的原则。作为"世界观"或者作为历史现实因果关系解释基点的所谓"唯物主义历史观"是应该予以断然拒绝的,——从事经济史的解释是我们杂志一个最重要的目的。这需要进一步的说明。

早期的如《共产党宣言》中首创的、本来意义上的所谓"唯物主义历史观"今天仍能支配的只是外行和浅薄人的头脑。在他们那里的确依然流行着一种奇怪的现象,他们对于解释历史现象的因果关系的要求,除非以某种方法在某一个地方证明了(或在他们看来)经济原因的参与,否则永远得不到满足。但是,这无非是如下的一种情况,他们重新满足于最站不住脚的假设和最空洞的陈词滥调,因为从这时起他们满足于下面的教条主义的要求:经济的"动力"是"最根本的"、唯一"真实的"动力,是"最终到处起决定作用的动力"。这个现象确实不是绝无仅有的。几乎所有的科学,从语言学到生物学都偶尔要求成为不仅是专业知识而且是"世界观"的生产者。在现代经济变革尤其"工人问题"触目效果的巨大文化意义的影响下,所有无自我批判的认识的根深蒂固的一元论倾向都自然而然地滑向了这条道路。同样的倾向则使人类学获得了便利,在这里,国家与国家之间为了支配世界进行着日益尖锐的政治的和贸易政策的斗争。下面这样一种信念正在广泛地流行开来:一切历史事件"归根结底"都是先天固有的"种族特性"相互作用的结果。取代对"国民特性"纯粹无批判的描述的是以"自然科学"为基础的古怪而更无批判的"社会理论"。在其对我们的观点有意义的范围内，我们将在我们的杂志中谨慎地追寻人类学研究的发展。我们希望，用“种族”来解释文化事件的原因仅仅清楚地表明我们的无知这一状况——就如参照“环境”，或者更早一些，参照“时代环境”一样——将逐渐地通过方法上训练有素的研究而被超越。如果迄今为止有什么东西损害了这种研究的话，那么它便是那些热心的门外汉的下面这种观念：他们能够为文化认识贡献某些东西，这些东西比之于通过取得精确的、依照特定观点选择出来的观察材料，从而增大将历史现实中个别具体的文化事件确定地归源于历史上已有的具体原因的可能性，殊为不同，且更为显著。仅就他们能给我们提供这一点而言，他们的成果就使我们感兴趣，他们使“种族生物学”有不止于成为某种现代科学创造激情所产生的东西的资格。

对历史的经济解释的意义也是如此。如果说，在一个无限地拔高评价的时期过后的今天几乎还存在着低估经济解释的科学效用的危险，那么这便是那种史无前例的无批判的结果，由于这种无批判，对实在的经济解释，在推断所有文化现象——亦即所有在我们看来乃根本的现象——最终受到经济制约的意义上，被用作为“普遍的”方法。在今天，它借以登场的逻辑形式不是完全一致的。凡在纯粹的经济解释遇到困难的地方，总有各种可利用的手段，以便维护它作为决定性的原因因素的普遍有效性。或者人们把在历史实在中无法从经济动机推演出来的一切当作由于这个缘故而在科学上无意义的“偶然性”来对待。或者人们把这个经济因素的概念夸大得面目全非，以至于所有受任何一种外部手段束缚的人类利益都被包括进那个概念。如果我们可以从历史上肯定，对于两种按经济的观点乃相同的状况却有不同的反应——出于政治的、宗教的、气候的以及一系列无数其他非经济因素的差别——，那么，人们为了维护经济因素的至上地位便把所有这些因素贬低为历史上偶然的“条件”，而认为在它们背后“起作用”的是经济动机。但是，不言而喻的是，所有那些对于经济的考察方式来说是“偶然的”因素（在与经济因素完全相同的意义上）遵循它们自己的规律，反过来也一样，对于那些寻求它们的特殊意义的考察方法来说，既有的经济“条件”在完全同样的意义上也是“历史上偶然的”。与此相反，受人欢迎的维护经济因素突出意义的尝试最终在于：人们以一种因素在因果关系上或功能上对于另一种因素的依赖性，或所有其余因素对于一种因素即经济因素的同样的依赖性，来解释文化生活中个别因素间恒常的共同作用和彼此的相互作用。当某一个别的非经济的制度在历史上也具备了某种服务于各种阶级经济利益的“功能”，即可为它们利用的时候，比如当某种宗教制度允许用作和被用作“黑衣警察”时，这整个制度不是被设想成是为这种功能而创造出来的，就是——纯粹形而上学地——被设想为通过一种出自于经济因素的“发展趋势”而构造出来的。

现在没有必要向专家阐明，对从经济方面分析文化的目的的这种解释，一部分来自于使科学兴趣转向某些受经济制约的文化问题的某种历史状况，一部分来自于粗暴的科学沙文主义；而且它在今天至少已经是过时了。单单还原于经济的原因无论在何种意义上，在无论何种文化现象的范围内，甚至在“经济”事件的范围内都不是包罗无遗的。从原则上说来，一种打算只解释经济动机的无论哪一个国家的银行史，与从西斯廷教堂圣母像产生时代的文化活动的社会—经济的基础来解释圣母像一样，自然是完全不可能的，而且在原则上，这种解释也决不可能比把资本主义从对资本主义精神起源发挥了作用的宗教意识内容的某些改革中推演出来更详尽无遗，或者也不比从地理条件推演出任何一种政治结构更圆满。在所有这些情况中，我们赋予经济条件的意义的大小取决于相关现象中这些特殊的因素所必须归源于哪一类原因；我们在个别的情况下赋予这些特殊的因素以意义，而这也正是我们的意旨所在。但是按照特殊的“观点”——在我们的情况中按照其受经济制约的观点——而对文化实在作片面分析的权利，纯从方法上说，首先得自于这样一个事实：即训练观察一类性质相同的原因之结果的识别力，并经常应用同一套概念的一方法的手段，体现了分工的一切优越性。在它取得成果，亦即在它提供那种表明对于具体历史事件的因果归源具有价值的联系的认识的范围内，它是不能“为所欲为的”。但是，对历史事件的纯经济解释的“片面性”和非现实性，从根本上说仅仅是对文化实在的科学认识才完全普遍有效的原则的一种特殊情况。从逻辑基础和从一般方法论的结论来阐明这个原则，是我们下面讨论的主要目的。

不依赖于特定的和“片面的”观点而对社会生活或者——也许说得较狭一些，但就我们的目的而言的确并不意谓根本不同的东西——“社会现象”绝对“客观的”科学分析是不存在的，上述现象是依据这些观点——特别强调或者缄默地、有意识或者无意识地——被挑选出来作为对象加以分析和分门别类的。其原因在于所有社会科学研究的认识目的的特点：它想超越对社会群体规范——合法的或传统的——的纯粹形式的考察。

我们要从事的社会科学，是一门实在的科学。我们要理解我们侧身于其中的且围绕我们生活的实在的特点——我们一方面理解它现在形态的个别现象的联系和文化意义，另一方面理解它们在历史上如此而非如彼地形成的根据。一旦我们试图思考生活直接面临我们的方式，生活便给我们呈现了“在”我们“之中”或“在”我们“之外”、依次或同时出现和消失的种种事物的绝对无限的多样性。一旦我们想要同样严肃地尝试详尽描述“单个现象”的所有个别的成分，那么在我们孤立地注意一个“对象”——比如一个具体的交换活动——时，且不必说想从因果制约性上来把握它，这个多样性的绝对无限性依然绝对丝毫无损地保存着。有限的人类精神对无限实在的所有思想认识都潜在地依赖于下面的前提：每次只是这个无限实在的一个有限部分才构成科学探讨的对象，唯有它才应在“值得认识的”意义上是“根本性的”。但是，这个部分是根据什么原则被选择出来的呢？人们一再认为，文化科学中决定性的标志可能也在于某些因果联接“合乎规律的”重复。我们在现象的无限多样的过程中能够认识到的“规律”在自身里面所包含的东西，必定——根据这种见解——只是实在里面合乎科学的“本质内容”：一旦我们无论是运用广博的历史归纳法证明一种因果联接的“规律性”乃系毫无例外地有效的，还是按照内在的经验使它当下澄明，它们自身或无数类似的情况就都将从属于以这种方式找到的公式。每次在以这样的方式从个别的实在中抽取“合乎规律的因素”之后，那些未能解释清楚而余留下的东西，或者被当作在科学上尚未领会的残留物，它通过“规律”体系不断进步的完善而可以在这个体系中得到深入的研究，或者作为“偶然的”并因此作为科学上非本质的东西而完全被撂在一边，因为它无法“按照规律来把握”，也就是说它不属于“类型”事件，因此只能是无聊的好奇心的对象。因此我们一再看到——甚至在历史学派的代表人物那里——这样的观点：一切知识，也包括文化知识为之努力并且在一个遥远的将来也可能仍然要为之努力的理想，是一个实在能从其中“推演”出来的原理体系。众所周知，一位自然科学的领袖人物认为，可以将关于生活事件的“天文学”知识标明为对文化实在的这种研究的（实际上无法达到的）理想目的。虽然这些问题已屡经讨论，我们仍要不惮费力在这里从我们这方面更加切近地来考虑它们。首先引人注目的是，这里所考虑的“天文学”知识不是关于规律的知识；相反，它所利用的“规律”毋宁是作为它从事研究的前提从像力学一类其他学科中获得的。但它本身只对这个问题感兴趣：这些规律对个别地形成的状况的作用造成了何种个别的结果，因为这种个别的状况才对我们有意义。这种天文学知识向我们“解释”或预言的每一种特殊的状况自然在因果关系上只能解释为其他先它而存在的同样个别的状况的结果，而且即使我们回溯到最遥远过去的原始星云，——规律所施用的实在始终同样是个别的，同样无法从这些规律推演出来。一个不具备个别特点或其所具的个别特点比现代宇宙实在要少的宇宙“原始状态”当然是一个毫无意义的观念。但是，在我们的领域里，与此类似的观念的残余不是在下面一些假设中作怪吗？这些时而由自然法推演出来，时而通过有关“原始民族”的观察而证实的假设是关于无历史“偶然性”的经济—社会的“原始状态”——诸如“原始农业共产主义”、性“乱交”等等——的假设，个别的历史发展随即通过由原罪而至世俗罪的模式从这种状态中发展了出来。

社会科学兴趣的出发点毫无疑问是围绕我们的社会文化生活的现实的、亦即个别的形态，这种文化生活处于普遍的、但仍然个别地形成的联系中，处于从其他的、不言而喻仍然个别地形成的社会文化状况发源的生成之中。我们在天文学那里作为一种(也由逻辑学家出于同样目的经常抽取出来的)极限条件来解释的事态在这里显然是以特别增强了的规范存在着的。在天文学中，天体使我们有兴趣进行考虑的只是它们在数量上可以精确测量的方面；相反，我们在社会科学中所着重的是事件的性质色彩。还可以补充说，社会科学所涉及的是精神事件的参与，而以神入的方式“理解”这些事件当然是一种不同于想要或能够解答精密自然科学的公式的任务。无论如何，这个差别本身并不像我们乍一看那样是一种原则的差别。精密的自然科学——除了纯粹力学之外——没有质也不行；而且在我们专业领域内我们听到了这样的——当然是错误的——意见：至少在我们的文化中，货币经济流通这一基本现象是可以用数量来表示的，并且恰好因此是可以“从规律上”来把握的；而人们是否也想依照规律的观念来理解因无法用数量来表示、故而不可能从数量上来把握的合乎规则性，最终取决于对“规律”概念较狭或较宽的界说。特别就“精神的”动机的参与来说，它无论如何不排斥建立合理的行动的规则，而且，今天主要是这样一种观点尚未完全消失：它认为心理学的任务就在于对个别的“精神科学”发挥类似于数学的作用，而这就是它从心理条件和作用来分析社会生活的复杂现象，把它们化约为尽可能简单的心理因素，然后再给它们分类，并在它们的功能性的联系中对它们进行研究。为此，一门有关社会生活心理基础的“化学”，如果没有“力学”的话，就仍然会被创造出来。这样的研究是否在任何时候都提供有价值的和——与此所不同的是——于文化科学有用的个别成果，我们在这里无法做出裁定。但是这一点对于我们所理解的社会经济认识的目的，即通过寻找合乎规律的重复的因素，从实在的文化意义和因果关系上认识实在是否能够实现，或是无关紧要的。我们假定，我们已经成功地借助无论心理学或其他的方法，将一切已经观察到的以及我们思维可及的将来任何时候的人类社会生活事件的因果联系分解为某些最简单的“因素”，然后凭借概念对它们进行十分详尽无疑的分析，将它们完全地纳入严格按规律起作用的规则，——这个结果对于认识历史上既定的文明世界，或者即使只对于认识其中的任何一个现象——如在其生成和在其文化意义上的资本主义——意味着什么？作为认识的手段，它的作用与有机化合物词典对于认识动植物界发生史的作用不多不少正好一样。在上述两种情况下，一项重要的和有用的准备工作确实已经做好了。但是无论在哪一种情况下，生活实在无论何时都不能从那些“规律”和“因素”推演出来，其所以如此，不是因为还有无论哪一种高高在上的、神秘的“力量”（“支配者”、“隐德莱希”〔Entelechien〕以及任何其他的叫法）必定隐藏在生活现象之中的——这本身就是一个问题——，而是简单地因为我们对实在的认识所关心的，是其中存在着那些（假定的！）组合在我们认为有意义的历史文化现象之中那种“因素”的状况。而且还因为，当我们想要“从因果关系上来解释”这种个别的组合时，我们总是必须回溯到另外一些完全同样个别的组合，根据这些组合，我们自然就可以利用那些（假定的！）“规律”概念对上述那种个别的组合进行“解释”。所以无论如何，确定那些（假定的）“规律”和“因素”，对于我们来说原本只是达到我们所寻求的知识的许多工作中的第一步。分析和分门别类地描述由那些因素已在历史上构成的个别组合，以及它们受到历史环境制约的、因其自身性质而有意义的具体的相互作用，尤其是使这种有意义性的基础和模式能够被理解，是下一步的任务，虽然它的完成需要利用先前的准备工作，但它毕竟是不同于这个准备工作的全新和独立的任务。尽可能地深入过去，追溯处于生成之中的这种组合具有当代意义的个别特性，从依然是个别的更早的状况对它们进行解释，则是第三项任务，——最后，估计未来可能的状况是可想而知的第四项任务。

对于所有这些目的来说，现有的清晰概念以及那些（假设的）“规律”的知识显然是颇有价值的认识手段——但也仅此而已——的确，它们对于这些目的是绝对不可缺少的。但是，甚至在这些功能中，它们作用所及范围的界限立刻在决定性的要点上显示出来了，而通过规定这个界限我们便获得了文化科学考察方法的决定性的特点。我们已经把力求根据其文化意义认识生活现象的学科当作“文化科学”。但是，一种文化现象形态的意义和这种意义的根据不可能从如此系统的规律概念那里推论出来和获得根据，也不可能由此而变得明白易解，因为这种意义假定了文化现象与价值观念的关联。文化概念是一个价值概念，经验实在对我们来说是“文化”，因为并且只要我们把它置于与价值观念的关系之中，它便包括而且只包括那些通过这种关系才对我们有意义的实在的成分。我们受那些价值观念制约的兴趣只使每次观察到的个别实在的很小一部分具有色彩，唯有这一部分才对我们有意义：它之所以有意义，是因为它表明了那些由于与价值观念的联结而对我们变得重要的关联。只是因为情况就是如此，并且在这个范围内，它才由于它的个别特性值得我们去认识。但是我们无法通过对经验材料的“无前提的”研究揭明什么东西对我们有意义。相反，确定某物的意义是它成为研究对象的前提。有意义的东西自然也不会这样与规律本身相符合，而且，这样的规律愈普遍有效，两者的一致就愈少。因为，实在的成分对于我们所具有的特殊意义，自然并不在于它与极大多数其他成分所共有的那种关系。实在与赋予它以意义的价值观念的关联，以及对由于与价值观念的关联而带有色彩的现实成分从其文化意义的角度进行的选择和整理，与根据规律对实在的分析和用一般概念对实在的整理，是两种完全不同的、互相对立的考察方式。这两种对现实进行思想整理的模式彼此决无必然的逻辑关系。它们在某一个别情况下会有一致，但如果这种偶然的相符抹煞了它们原则上的差别，这将是最大的灾难。一种现象，比如货币经济交换的文化意义可能在于，它是构成当今文化生活的基本成分的主要现象。但是随后，它发挥这样的作用这个历史的事实，就必须从它的历史发生而予以因果解释，以便使它在它的文化意义之中被人理解。研究交换的一般本质和市场技术是一项——至为重要的和必不可少的！——准备工作。但是不仅这个研究回答不了交换乃是如何历史地获得了它今天的基本意义的问题，而且它也首先回答不了我们最为关切的东西，即货币经济的文化意义，仅仅为此我们才对那些关于交换技术的描述感兴趣，仅仅为此才存在着一门从事这种技术研究的科学，——它是不能由那些“规律”的任何一个推论出来的。交换、买卖等等类的标记使法学家们感兴趣，——而我们所担负的任务在于分析在今天交换乃是普遍现象这一历史事实的文化意义。凡在它应该解释的地方，凡在我们想要理解，是什么把我们的社会经济文化与比如交换在其中表现出和今天完全同类的性质的古代社会经济文化区别开来的地方，也就是凡在“货币经济”的意义出现的地方，各种来源极为不同的逻辑原则就汇入研究之中而突现出来：我们将运用那些由对于经济主要现象中类的成分的研究给我们提供的概念，虽然，只是在我们文化有意义的因素包含在它们之中的范围内我们才把它们用作描述的手段。——但是，不仅我们的目的无法通过那些概念和规律的描述而得到实现，不论这种描述多么精确，而且，什么应当成为类概念构成的对象的问题根本不是“无前提地”决定的，而是参照我们称之为“流通”的那种无限多样的现象的某些成分相对于文化所具有的意义而被决定的。我们力求认识一种历史的、亦即一种在它们独特之点上富有意义的现象。而这方面的决定因素在于：只有凭借无限丰富的现象的有限部分才是有意义的这个假设，认识个别现象的想法才在逻辑上最终变得有意义。我们即使有了关于事件一切“规律”的可以想见的广博知识，面对下面这个问题还是茫然无措：关于个别事实的因果解释究竟是如何可能的？——因为即使对于实在最小部分的描述也决不可能是详尽无遗的。规定任何一个个别事件的原因的数量和方式往往是无限的，在事物本身之中，并没有指明从中选择出唯一可以考虑的部分的现成标志。关于无数单个知觉的混沌的“存在判断”也许是尝试对实在进行真正“无前提”认识所可能达到的唯一结果。而这个结果本身也只是表面上可能的，因为每一个单个知觉的实在在更切近的观察中始终表现为无数多的单个成分，它们绝不能由知觉判断详尽无遗地表达出来。给这种混沌带来秩序的只是这种情形：在任何情况下只是个别实在的一部分使我们有兴趣和对我们有意义，因为只有它才处于与文化价值观念的关联之中，而这种关联正是我们接近实在的途径。只有始终无限多样的单个现象的某些我们赋予其一般文化意义的方面，才值得我们去认识，唯有它们才是因果解释的对象。甚至这个因果解释本身一再揭示了同样的现象：从任何一个具体现象的整个实在出发的一种详尽无遗的因果追溯不仅在实践中是不可能的，而且简直就是荒谬之举。我们只是选择了在个别情况下一个事件的“本质的”成分所被归源的那些原因。凡在涉及现象的个别性的地方，因果关系的问题就不是一个规律的问题，而是一个具体的因果联系的问题，不是使一个现象从属于作为范型的形式的问题，而是它作为结果归源于哪些个别的状况的问题。因果关系问题是归源的问题。凡在“文化现象”——我们要用在我们学科的方法论中已偶尔用到而现在正以逻辑上更为准确的表述流行开来的术语来说，历史个体——的因果解释得到考虑的地方，有关起因的规律的认识就不可能是研究的目的，而只能是研究的手段。它使我们能够容易地将现象中其个性有文化意义的成分在因果关系上归源为它们的具体原因。就它做到这一点而论，而且仅就此而论，它对于认识个别的联系是很有价值的。而规律愈“普遍”，亦即愈抽象，它们对于所需的现象因果归源的贡献就愈少，因而间接地为理解文化事件的意义所做的也就愈少。

所有这一切的结论是什么呢？

结论自然不会是：在文化科学领域内对一般的认识，抽象的类概念的构成，关于规律性的认识以及阐述“规律的”联系的尝试没有任何科学的根据。恰恰相反，如果历史学家的因果认识是把具体的结果归源于具体的原因，那么，任何一个个别结果的有效的归源倘不应用“规律学的”知识——即因果联系的合乎规则性的知识——就是不可能的。具体的实在联系之中的单个的个别成分是否被赋有了相对于我们所讨论的结果的因果意义，在尚存怀疑的情况下，只有通过评价下面的作用才能得到规定，这种作用乃是我们一般期望上述成分以及解释所涉及的同一复合体中的其他成分产生的，因此这种作用就是涉及原因因素的“相配的”结果。历史学家(就这个词最宽泛的意义而言)能在多大程度上借助于他那由个人生活经验提供的和根据一定方法培养成的想象确切地完成这种归源，他在多大程度上依赖于使他能完成这个归源的专门科学的帮助，这取决于具体情况。然而，在任何地方，因而也在复杂的经济事件的范围内，我们的一般认识愈可靠愈广泛，归源的确定性就愈大。与此同时，我们所涉及的始终——甚至在一切所谓的“经济规律”中也毫无例外——不是较为严密的和精确的自然科学意义上的“规律的”联系，而是在规律中表述出来的“相配的”因果联系和这里不再详细分析的对“客观可能性”范畴的运用，这个事实丝毫不损害上面的命题。建立这样的合规则性不是认识的目的，而是认识的手段，而且，把一个为日常经验所熟悉的因果联结的合乎规则性的公式化为“规律”是否有意义，在任何个别情况下都是一个实用问题。对于精确的自然科学来说，“规律”愈普遍有效，它们就愈重要和愈有价值;而对于赋有具体前提条件的关于历史现象的认识来说,最一般的规律因为其内容最为空洞,所以也就最无价值。由于一个类概念的有效性——它的范围——愈广泛,它就愈使我们离开实在的丰富性,因为为了包含尽可能多的现象的共同因素,它就必定是尽可能地抽象,因而空无内容的。按我们的看法,在文化科学中,关于一般的认识在其本身是绝无价值的。

综上所述,可以得出结论说,在科学工作的理想目的应是把经验的东西还原为“规律”这种意义上,“客观地”对待文化事件是没有意义的。这种“客观的”对待之所以没有意义不是如通常所认为的那样,因为文化事件或者说精神事件“客观上”很少受规律支配,而是因为(1)对社会规律的认识不是对社会现实的认识,而只是对于我们的思想为了达到这个目的而使用的种种不同的辅助手段的认识;因为(2)除了根据始终个别地发展的生活实在在某些个别关系中对于我们所具有的意义这个基础之外,文化事件的认识是不可设想的。但是没有哪一种规律向我们揭明在什么意义上和在什么关系中情况是这样,因为这是按照我们据以始终在个别情况下考察“文化”的价值观念来决定的。“文化”是无意义的无限世界事件中从人类的观点来考虑具有意思和意义的有限部分。甚至当人类将一种具体的文化当作死敌而予拒斥并且希望“返回自然”的时候,它对于人类也依然如此。因为当人们把具体的文化与其价值观念联系起来并认为这种文化“太浅薄”的时候,他们所取的态度也只能如此而已。当这里说到一切历史个体在逻辑上不可避免地依附于“价值观念”的时候,我们所意谓的正是这种纯粹逻辑—形式的事实存在。任何文化科学的先验前提,不是指我们认为某种或者任何一种一般的“文化”有价值，而是指我们是文化的人类，秉具有意识地对世界采取一种态度和赋予它意义的能力和意志。无论这种意义可能是什么，它都将引导我们在生活中从它出发对人类团体的某些现象作出判断，把它们当作有意义的来（肯定地或否定地）对待。无论所采取的态度的内容可能是什么，——这种现象对我们都具有文化意义，对它的科学兴趣只依赖于这种意义。因此，当我们依据现代逻辑的语言用法谈到文化认识受到价值观念制约时，希望不致屈从于诸如下面观点那样粗劣的误解，即认为文化的意义只能归结为很有价值的现象。卖淫是与宗教或金钱同等的文化现象。它们的存在和在历史上采取的形式直接地或间接地触动了我们的文化兴趣，它激发起我们从源于价值观念的立场出发的认识欲望，而这些价值观念使实在中受到那些概念分析的片断对我们具有意义，出于这个原因并且仅仅出于这个原因，而且只在这样的范围内，这三者才是文化现象。

由此可见，一切关于文化实在的认识始终是依据于一种特别独特的观点的认识。当我们要求历史学家和社会研究者具有的基本的先决条件是他们能够把无关紧要的东西与重要的东西区别开来，而且具有为这种区别所必需的“观点”时，这仅仅是说，他们必须懂得，把实在的事件——有意识地或无意识地——与普遍的“文化价值”联系起来，然后抽出对我们有意义的联系。如果一种认为那些观点能够从“材料本身中得出”的意见一再出现，那么这来源于专家幼稚的自我欺骗，这位专家没有注意到，他从一开始就依据他无意识地借以处理材料的价值观念从一个绝对无限的实在中抽出了一些极小的成分，而对它的考察乃是他所最关切的。在这些时时处处有意识或无意识地发生着的对事件个别的特殊“方面”的选择中，在里面起支配作用的文化科学研究的因素为常有所闻的一种主张提供了根据，这种主张认为科学著作中的“个人因素”原本是其中有重要价值的东西，每一本著作如果是有存在的价值的，那么就必须表现出“一种个性”。的确，若是没有研究者的价值观念就没有选择材料的原则和关于个别实在的有意义的认识，正如若是没有研究者对无论何种文化内容的意义的信念，一切关于个别实在的研究就根本是无意义的，所以研究者个人信念的方向、价值在他心灵之镜中折射出的色彩指示了他研究的方向。科学天才用以关联研究对象的种种价值将能够规定整整一个时代的“见解”：也就是说它们不仅决定现象中哪些是“有价值的东西”，而且也决定现象中哪些是有意义的东西或无意义的东西、“重要的东西”和“不重要的东西”。

因此我们意义上的文化科学的认识只关心那些与我们赋予文化意义的事件有任何一种——无论多么间接——联系的实在的成分，在这方面它是受“主观的”前提条件约束的。尽管如此，在与有关具有质的特性的、有意义的、个别的自然事件的认识完全相同的意义上，它仍然无疑是纯粹的因果认识。除了在文化科学范围内因涉及形式—法学的思想而造成的各种混乱之外，新近出现的尝试就是通过一系列机敏的谬论从原则上来“反驳”“唯物主义的历史观”，它认为，既然一切经济生活都必须在以合法的方式或以传统的方式调节的形式下进行，所以一切经济的“发展”必须采取那种致力于创造新的法律形式的形式，也就是说它只有借助道德准则才是可理解的，并且出于这个缘故它与各种“自然的”发展有本质上的区别，因此，有关经济发展的认识具有“目的论的”特征。我们这里不打算讨论“发展”这个在社会科学中多有歧义的概念的意义，也不打算讨论逻辑上同样多有歧义的“目的论”的概念，与此相反，这里只是说明：无论如何，这种认识并非必定是这种观点所假定的意义上的“目的论的”不可。即使在有效的法律规范具有完全的形式同一性的情况下，规范化的法律关系因而甚至规范本身也可能发生根本的变化。的确，如果有人想冥思苦索地一时沉入未来的幻想，那么这个人可以在理论上想象比如说“生产资料的社会化”已经实现，而任何有意识地争取这种结果的“努力”并不出现，也不会出现如下的情况，即我们的某一条法律条文消失了或得到补充：少数规范化的法律关系的统计概率将会彻底改变，在许多情况下则等于零，大部分法律规范实际上失却意义，它们的全部文化意义变得不可辨认。关于应当取消的法律(de lege ferenda)的讨论之所以能够正当地不顾及“唯物主义的”历史理论，是因为它们的中心观点恰恰在于法律制度的意义不可避免的变更。如果认识历史实在因果关系的朴实研究在谁看来是次要的研究，那么，他可以回避它，——但想以任何一种“目的论”来取代它则是不可能的。“目的”对于我们的考察来说是关于一种结果的设想，这种设想成了某一行动的原因。我们像重视任何一种产生或能够产生某种有意义的结果的原因一样重视这个原因。而它的特殊意义只是在于，我们不仅能够观察到人类的行动，而且想要理解它，并且能够理解它。

毫无疑问，价值观念是“主观的”。在对家谱的“历史”兴趣和对可以想象的最大的文化现象，即为一个国家和人类在一个漫长时期的过去和现在所共有的现象的发展的兴趣之间，存在着一个无限的“意义”阶梯，它的等级对于我们任何一个人来说都将有不同的次序。同样，它们是可以随着文化的特点以及支配人们的观念本身而在历史上发生变化的。但显然不能由此得出结论说，甚至文化科学的研究可能只是这种意义上的“主观的”结果，它对一个人有效而对其他人无效。相反地，所不同的只是它们使不同的人感兴趣的程度。换言之：研究的对象是什么，以及这种研究深入因果联系的无限性之中达至多远，这取决于支配着研究者和他那个时代的价值观念；——它如何起作用呢？在研究的方法中，主导的“观点”虽然——如我们还要看到的——对于他所运用的概念结构的构成来说是举足轻重的，但在这些概念的运用方式上，显然研究者在这里与别处一样受到我们思想规范的约束。因为只有对于所有向往真理的人都有效的东西，才会是科学的真理。

但是，由此而得出的一种结论是，下面这种观念毫无意义，虽然它甚至偶尔支配我们专业的历史学家，这种观念认为，文化科学的目标即使那么遥远，也仍然是要构造一个封闭的概念体系，在这个体系中，实在被概括进在某种意义上无可更改的结构之中，并且它随后能从这个体系中重新推演出来。无比巨大的事件之流向着永恒奔腾不息。推动人们的文化问题总是不断以新的色彩重新形成，因而始终同样无限的个别事物之流中对我们具有意思和意义，成为“历史个体”的东西的范围也变动不定。历史个体借以被考察和得到科学地把握的思想联系变换不已。只要并无中国式的精神生活僵化妨碍人类向始终同样不可穷尽的生活提出新问题，文化科学的出发点即使在无限的未来也依然是会变动的。一种文化科学的体系，即使只在确定地、客观有效地、系统化地规定它所应该论及的问题和领域的意义上，其本身也会是毫无意义的：这种尝试只能产生出彼此并列的许多特别特殊的、相互间有许多差别和矛盾的观点，凭借这些观点，实在始终成为我们的“文化”，也就是说，它由于它们的独特性质曾是或仍然是富有意义的。

在经历了这些冗长的讨论之后，我们现在终于可以转向在考察文化认识的“客观性”时在方法上使我们感兴趣的问题：我们的科学和其他科学所使用的概念的逻辑功能和结构是什么？或者我们要特别考虑这个关键的问题：理论和理论概念的构成对于认识文化实在的意义是什么？

国民经济学——如我们已经看到——至少按照其讨论的重点原来是一项“技术”，也就是说，它从一种至少表面上单义地规定了的实际的价值观点出发考察了实在的现象：国民“财富”的增加问题。另一方面，国民经济学从一开始又不只是一门“技术”，因为它被划入了18世纪天赋人权和理性主义世界观的巨大统一体之中。但是，这种世界观的特点及其对实在可在理论上和实际上合理化的乐观主义信念发挥作用的范围主要在于，它阻碍了揭示那种假定为不证自明的观点的成问题的特点。就如关于社会实在的理性考察的出现是与自然科学的现代发展密切相关的一样，它在整个考察方法上与自然科学保持着密切的关系。在自然科学各学科中有关直接的技术有用性的实际价值观点，从一开始就与作为古代文化的部分遗产因袭下来的和得到进一步发扬光大的希望紧密地联系了起来：通过一般化的抽象和根据有规律的联系分析经验的方式，以一种具有形而上学有效性和数学形式的概念体系的形态达到一种纯粹“客观的”认识，在这里也就是与一切价值无干的、同时完全合理化的，亦即免除一切个别“偶然性”的、关于整个实在的一元论的认识。那些与价值观点密切相关的自然科学各学科，诸如临床医学和特别是通常所谓的“工艺”，成了纯粹实用的“工艺学”。它们应该为之服务的价值，如病人的健康、具体生产过程的工艺完善化等等，对于它们之中的每一门来说总是确定的。它们所应用的手段曾经是而且只能是利用由理论学科发现的规律概念。在建立这种规律过程中的每一个重大进步过去是或者也只能是实用学科的进步。在有确定的目的的情况下，个别的实用问题（一种病情、一个技术问题）进一步归结为普遍有效的规律的特例，亦即作为理论认识的扩展，直接地与技术——实践的可能性的拓展相关，并且彼此是一致的。当现代生物学将一些使我们从历史角度，亦即使我们对它们如此而非如彼地生成的方式感兴趣的实在成分归结到普遍有效的进化原则的概念之下，而这种进化原则至少在表面上——但当然不是在事实上——允许将一切对象的本质内容纳入一个普遍有效的规律的图式中时——，在我们看来，所有科学之中的价值观点的末日就来到了。因为既然所谓的历史事件也是全部实在的一个部分，而因果关系的原则，即一切科学研究的先决条件看来需要把所有事件化解为普遍有效的“规律”，最后既然严肃地接受这种观念的自然科学的巨大成果已经昭著于世，那么一种与发现事件规律不同的科学研究的意义看来是不堪设想的。只有现象中“合乎规律的东西”才可能是科学的本质内容，“个别”事件只有作为“类型”，这里也就是说，只有作为“规律”的代表性解释才可能得到考虑。这些事件本身引起的人们对它们的兴趣显然“并非科学的”兴趣。

追踪自然主义一元论信念的乐观情绪对经济学科的巨大反作用是不可能的。当社会主义的批判和历史学家的研究着手改变相关的原始价值观时，一方面是生物学研究的巨大发展，另一方面是黑格尔泛逻辑主义的影响妨碍了国民经济学全面清楚地认识概念和实在的关系。在我们兴趣所及的范围内，其结果是，尽管费希特以来的德国唯心论哲学、德国历史法学派的成就和德国国民经济学历史学派的研究针对自然主义教条的侵入建立了强大的堤防，然而部分正是因为这种研究，自然主义的观点在一些决定性的方面仍然未被克服。特别是我们专业中尚成疑问的“理论”研究和“历史”研究的关系就属此类。

今天，“抽象的”理论方法对我们学科的经验—历史的研究来说依然是一座突兀而起、显然不可跨越的险峰。前者完全正确地认识到，用“规律”的阐述代替对实在的历史认识，或者相反，通过相互并列的各种历史观察达到严格意义上的“规律”，在方法上是不可能的。现在为了获得这些规律——因为它确信这是科学所应追求的最高目标——它从我们直接地经历了其自身始终有现实性的人类行动的各种关系这个事实出发，因此——它认为——科学能使这些行动的过程以公理的自明性而被直接理解，能够从它们的“规律”中将它们推论出来。然而，唯一精确的认识形式，即对昭然若揭的自明规律的阐述，同时是唯一允许推论那些无法直接观察的事件的认识形式，因此，至少对经济生活的基本现象来说，提出一种类似于精确的自然科学命题的抽象——因而——纯粹形式的命题体系，是从精神上把握社会多样性的唯一手段。虽然理论的创造者作为首创者和唯一者贯彻了规律认识和历史认识之间方法上的原则区别，但他现在要求抽象理论原理具有实在可从"规律"推演出来这种意义上的经验有效性。虽然这里所说的意思不是仅仅抽象的经济原理自身的经验有效性，而是说一旦人们建立了与所有其余被考虑到的因素相适应的"精确的"理论，那么，所有这些理论都必定共同地在自身中包含有事件的真正现实性——也就是实在中值得认识的东西。精密的经济理论确定了一种精神动机的作用，其他理论的任务就是以类似形式的具有假定的有效性的原理来阐释所有其余的动机。因此，对于诸如抽象的价格构成理论、抽象的利息理论、抽象的地租理论等等理论研究的成果，人们不时提出幻想的要求：它们能够根据——所谓的适用于物理学定理的类推从给定的真实前提中演绎出对生活实在有效的、在质上确定的结果——亦即最严格意义上的规律，因为，在给定目的的情况下，人们的经济行动是参照手段而明确地"规定"了的。这种要求注意到：为了能够在任何个别的情况下获得这个结果，当时的历史实在的整体包括它所有的因果联系都必须作为"给定的"被设立起来，作为已知的被假定了；而且，如果有限的精神能够达到这种认识，就无法设想抽象理论的认识还有什么价值。自然主义的偏见认为在文化科学中应当创造出类似于精确的自然科学概念，这个偏见恰恰导致人们错误地理解这种理论思维结构的意义。人们认为，它涉及从心理上孤立人类特有的"本能"，即获利本能的问题，或者涉及孤立地考察人类行动特殊准则，即所谓的经济原则的问题。抽象的理论认为，可以依赖心理学的公理，而结果是历史学家需要一种经验的心理学，以便能够证实这些公理的无意义并且从心理学上推导出经济事件的过程。我们在这里不打算深入地批判这种对于“社会心理学”——它还在创建——的系统科学作为文化科学，特别是社会经济学未来基础的重要性的信念。无论如何，迄今为止已经出现的、在某些方面引人注目的对经济现象的心理解释表明，不是从人的心理品质的分析进到社会制度的分析，恰恰相反，阐明制度的心理前提条件和结果，是以对这些制度的详尽了解以及对它们之间关系的科学分析为前提的。尔后，心理分析仅仅意谓极有价值地深化对这些制度的历史文化局限性和历史文化意义的认识。使我们对人们在其社会关系中的心理行为感兴趣的东西，在每一种情况下都是依照相关的关系的特殊文化意义而各不同的。这里所涉及的问题是彼此极其不同和最为具体地结合在一起的心理动机和作用。社会心理研究就是对各种个别的、彼此之间有多重矛盾的文化因素的详细考察，而它所依据的正是这些因素能为我们的神入理解所解释。从关于种种个别制度的认识出发，我们通过社会心理研究逐渐学会如何从精神上来理解这些制度的文化局限性和文化意义，但我们并不想把这些制度从心理的规律中推演出来或用心理因素的现象来解释它们。

因此，围绕建立抽象理论的心理根据的问题，围绕“获利的本能”和“经济原则”的作用等等而进行的长期的科学论争也只能是鲜有结果的。

建立抽象理论所涉及的问题、表面上似乎是从心理的基本动机出发的“演绎”，实际上，不如说它涉及了概念构成形式的一种特殊情况，而这种概念构成形式乃是为人类文化科学所特有的和在某种范围内不可缺的。我们在这里有必要更加深入地勾画出它的特征，因为我们藉此就能更加接近于有关社会科学认识的理论意义的根本问题。与此同时我们不再讨论我们所引证的，或者以直观的方式暗指到的理论结构是否与它意在效力的目的相适合的问题，也就是说，它是否在事实上合乎目的地构成的问题。譬如今天的“抽象理论”究竟应该发挥到何种程度的问题归根到底是一个其他问题也期待其解决的科学研究的节约问题。同样，“边际效用的理论”也服从于“边际效用的规律”。

在抽象的经济理论中，我们面对着人们通常称作为历史现象“理念”的那种综合的例子。这类理念为我们提供了在交换经济的社会组织、自由竞争和严格合理行动情况下商品市场过程的理想图像。这种思想图像将历史活动的某些关系和事件联结到一个自身无矛盾的世界之上，而这个世界是由设想出来的各种联系组成的，这种构想在内容上包含着乌托邦的特征，这种乌托邦是通过在思想中强化实在中的某些因素而获得的。它与经验地给定的生活事实的关系仅仅在于：凡在由这种抽象的结构所描述的那种关系，也就是依赖于“市场”的各种事件被发现或被推测到实际上在某种程度上发挥作用的地方，我们就能够根据理想类型、根据实际情况来说明这种关系的特征，使它易于理解。这样做法的可能性对于启示和描述价值都是不可或缺的。理想类型的概念将训练研究中的归源判断：它不是“假设”，但它将指出假设构成的方向。它不是现实的一种描述，但它将给描述提供明确的表达手段。因此，它也是历史地给定的现代社会交换经济组织的“观念”，我们建立这个观念所依的逻辑原则，与人们构造作为“发生学”概念的中世纪城市经济学的观念所依的逻辑原则完全相同。如果人们这样做了，那么他们所构造的"城市经济概念"不是事实上存在于所观察到的整个城市之中的经济原则的平均值，而是一种理想类型。获取这种理想类型的方式或者是片面地强化一种或几种观点，或者是把从属于这些片面地突出了的观点的一种充满混乱和分散的、此处多彼处少而有些地方根本不存在的个别现象联合在一个自身一致的思想图像之中。这种思想图像因其概念的纯粹性不可能经验地存在于任何实在之中，它是一个乌托邦，而对历史学来说就产生了这样的任务：在每一个别的情况下确定实在在多大程度上接近或远离这种思想图像，这也就是说某一城市关系中的经济特点在多大程度上应该被归类为"城市经济的"特点。但是如果运用得当，这个概念就特别有助于达到研究和阐述的目的，——为了分析更进一步的例子，人们可以用完全同样的手法把"手工业"的"观念"描画成一个乌托邦，而所用的方式就是把混杂地存在于各个不同的时代和国家的手工业者那里的、其结果得到片面地强化的某些特点，结合在一个自身无矛盾的理想图像之中，并且把它们与人们在理想图像中表达出来的思想观念联系起来。尔后，人们就可以进一步尝试描述一个其中所有经济活动的部门，乃至精神活动的部门都由一些准则支配的社会，而这些准则在我们看来也就是赋予提高为理想类型的"手工业"以特征的同一原则的运用。人们可以继续尝试在手工业的理想类型旁边设置一个从现代大工业的某些特征抽象出来的、与资本主义生产体系相应的理想类型作为对照物、在此基础上尝试描画"资本主义"文化，亦即只受私人资本投资利润支配的文明的乌托邦。它可以将现代物质和精神文化生活中一些模糊地存在的个别特征及其强化了的特有性质综合在按我们看来无矛盾的理想图像之中。这因而便是描绘资本主义的文明"理念"的尝试,——它是否能够成功或怎样能够取得一些成功,我们在这里完全存而不论,现在可能的情况是,或者毋宁说我们必须承认为确实的情况是,总是有许许多多的、的确是相当大量的这类乌托邦被勾画出来,其中任何一个都不与其他的乌托邦相类似,没有哪一个能真正在经验实在中作为社会状况实际有效的秩序而被观察到。但是,其中每一个都声称自己是对资本主义文化"观念"的描述,而且即使其中任何一个能够提出这样的要求、也只限于在它们已经从实在获取了某些其性质富有意义的特征,并把它们安排在一个统一的理想图像的范围之内。因为作为文化现象而使我们感兴趣的现象,通常是由于我们用以关联这些现象的十分不同的价值观念才引起我们的这种兴趣——它们的"文化意义。"所以就如现象借以变得对我们意义的"观点"是各不相同的一样,用以选择为某种文化的理想类型所采用的各种联系的原则也可以是极其不同的。

但是,我们所追求的这种理想类型概念对于经验科学的意义是什么呢?首先我们应该强调,有关应当存在的"模式"的思想在这里一开始就要与我们所讨论的纯逻辑意义的"理想的"观念结构谨慎地区别开来。这里所涉及的是构造这样一种关系的问题,这种关系在我们的想象看来是有充分的动机的,因而也就是"客观地可能的",在我们的"规律学"知识看来是适当的。

谁认为对历史实在的认识应该是或者可能是对"客观"事实的"无前提条件的"描写,谁就将否认理想类型的任何价值。一些人即使已经认识到:在实在的范围内不存在逻辑意义上的"无前提",

即使最简单的文件摘要和文献登记，也只有参照“所指”，因而归根结底参照“价值观念”才能有某种科学意义，他们却仍然把构造某种历史的“乌托邦”看作可能给历史研究的无偏见性带来危害的阐释手段，而且一般倾向于认为它无非是儿戏而已。而事实上，是不是纯思维的游戏或科学上富有成效的概念构成，都决不可能先验地断定；这里也只有一个标准：这就是从它们的关系、它们原因的局限性和它们的意义方面认识文化现象所达到的结果。因而，抽象的理想类型不是作为目的，而是作为方法由我们建立起来的。但是只要仔细考察一下历史描述的概念因素就会明了：一旦历史学家试图超越单纯地查明具体联系去确定不管多么简单的个别事件的文化意义，描述它的特征，他就运用并且必须运用通常只是在理想类型中才能够精确和单义地规定的概念。或者我们通过思想和理解来把握实在时所依据的概念，诸如“个人主义”，“帝国主义”，“封建主义”，“重商主义”，“传统的”以及无数类似的概念结构，其内容都是通过对某种具体现象的“无前提条件的”描述，或通过综合为许多具体的现象所共有的特征得到规定的。历史学家所说的语言中包含着上百个这种不确定的、为了满足无反思的表达需要而建立的用语，它们的意义起初只是直观地感觉到的，而不是被清晰地思考过的。在相当多的情况下，特别是在记叙性的政治史领域，它们内容的不确定性对描述的清晰性无疑没有任何损害。在个别的情况中，人们能够感受到历史学家心中所想的东西，这就够了。或者人们也可能满足于如下一点：概念内容的个别的规定性指示了相对于所考虑的个别情况的意义。但一种文化现象的意义愈迫切地应当成为清晰的意识，使用清楚的、不仅个别地，而且全面地规定了的概念的要求就愈不可避免。按照邻近的属加种差(genus proximum, differentia spezifica)的格式来“定义”那种综合性的历史思维自然是一桩荒唐事:我们还要对此作一检查,只是在利用三段论的教条主义学科的范围内才有这样的确定语词意义的形式。通过简单的“描述性的解析”而将那些概念分解为它们的成分这种做法是不存在的,或仅仅是表面的,因此关键的问题在于,这些成分的哪一些应当被看作是根本的。如果我们应该尝试对概念内容作发生学的定义,那么剩下的唯一形式就是其意义在上面规定过的理想类型。它是一个思想的图像,它不是历史实在或根本不是“本来的”实在,它也几乎不是作为实在应该当作样本而被分门别类地归在其中的图式而起作用的;相反,它具有纯粹理想的界限概念的意义,为了阐明实在的经验内容中某些有意义的成分,实在要用这种界限概念来衡量,并与之进行比较。这些概念是我们借以通过运用客观可能性的范畴构造各种联系的结构,而这种范畴判定我们指向实在而培养出来的想象是合适的。

在这种作用的范围内,理想类型是以发生学的概念来把握历史个体或者它们个别成分的特别尝试。我们可以举出“教会”和“教派”这样的概念。它们通过纯粹的分类可以分析为有各种特征的复合体,其中,不仅两者之间的界限,而且概念的内容必定是始终流动不居的。如果我想从发生学上来把握“教派”的概念,参照“教派精神”对于现代文明所具有的某些重要的文化意义,那么,两者的某些特征就成为本质的,因为它们与那些影响有着适当的因果联系。但是随后这些概念同时变成理想类型,这就是说,它们没有或只是在个别情况下具有完全的概念纯粹性。这里与任何其他地方一样，每一个并非纯粹的分类概念都与实在分道扬镳。但我们认识的推论本性：即我们只有通过一系列的观念变动来把握实在这个事实，假设了这样的概念速记法。我们的想象确实常常可能缺乏其明确的概念表述，后者乃是研究的手段，——对于描述来说，在它要求是单义的范围内，运用明确的概念阐述方式在文化分析领域的大多数情况中是完全不可避免的。谁从根本上抛弃它，谁就不得不局限在文化现象的形式的方面，比如法律史方面。法律准则的世界自然是同时可以在概念上得到明确的规定的，并且（在法的意义上！）对于历史实在是有效的。但是，它的实用意义则是我们意义上的社会科学研究所关心的。但这种意义经常只是通过把经验材料与一种理想的极限情况相联系才能被清楚地意识到。如果历史学家（在这个名词最宽泛的意义上）拒绝努力去将这样的理想类型表述为"理论的体系"，也就是说把它看作对于具体的认识目的是无用的和并非必不可少的，那么，结果总是或者他有意识或无意识地应用措辞不当的和未经逻辑加工的类似概念，或者他停滞在不确定的"感觉"领域。

但是，无论如何，没有什么比源自于自然主义偏见的理论和历史的混合更加危险了。这种混合表现为，第一，人们认为，历史实在的"根本"内容和"本质"必定记录在那种理论的概念图像之中，第二，人们把它们用作历史应当塞入其中的普洛克路斯忒斯之床（Prokrustesbett），第三，人们假设这种"观念"是处于现象变幻背后而在历史中发生作用的"真正的"实在和实际的"力量"。

后一种危险现在尤其迫近，因为我们的确最早习惯于把一个时代的"观念"理解为这样一种思想和理想，它们支配了那个时代本身的群众和在历史上起决定作用的那部分人，因而作为那个时代的组成成分对该时代的文化特征具有重要意义。而在这里面又有两种情况。第一，在指向实用和理论思维意义上的“观念”与由我们作为概念的辅助手段而建立起来的那个时代的理想类型意义上的“观念”之间，总是存在着某种关系。从一个时代的某些具有代表性的社会现象中抽象出来的某些社会状态的理想类型，可能——而这甚至是相当常见的事——在同时代人的心中呈现为实际追求的理想或者呈现为调节某些社会关系的准则。“粮食保障”的“观念”和宗教法规学者的许多理论，尤其是圣托马斯的理论，联系到我们上面谈到的今天所运用的中世纪“城市经济”理想类型的概念，也有这种情况。国民经济学中声名狼藉的“基础概念”即“经济价值”也是完全如此。从经院哲学直至马克思的理论，关于某种“客观上有效的东西”、亦即应当存在的东西的观念把自身与来自价格构成的经验过程的抽象掺和了起来。那种认为商品的“价值”应当按照某种“自然法的”原则来调整的观念对于文化发展——而且不仅仅中世纪的文化发展——产生了并且还会产生不可估量的意义。它对于实际的价格形式也有特别强烈的影响。但是，什么是那些理论概念所意谓的和所能意谓的，这只有通过精确的、亦即理想类型的概念结构才能得到真正明确的澄清，——无论如何、嘲笑抽象理论为“鲁滨逊式的故事”的人，若未能用更好的、在这里亦即更清楚的概念来取而代之，就得考虑这种理想类型。

因此，在历史上能够查明的支配人们的观念和与其相应的理想类型及从其中抽象出来的历史实在的成分之间的因果关系，自然可以采取极为不同的形式。需要坚持的一个原则只是，两者理所当然是根本不同的东西。但是，这里还有另一个方面：那些支配一个时代的人们、亦即散布在他们之中而起作用的“观念”本身，只要其中涉及任何较为复杂的观念结构，就只能以理想类型的形态被我们用精确的概念所把握，因为它们实际上就存在于无数不定的和变动着的个人头脑之中，而它们的形式和内容、清晰性和意思在这些个体中也有着极其繁复的层次差异。中世纪某一时代个人精神生活的成分，比如，我们可以提到这些个人的“基督教信仰”，如果能够被完全地描述出来，那么它就自然会是一个包含无数差别和充满尖锐矛盾的各种观念关系和情感关系的混沌，尽管中世纪的教会确实能够使信仰和道德的统一性达到不同寻常的高度。如果现在我们问道：处于这种混沌之中，而人们必须不断地把它当作一个确定的概念来运用的中世纪的“基督教信仰”究竟是什么？我们在中世纪的制度中所发现的那种“基督教的因素”存在何处？我们便会立即发现，这里人们也在每一个个别事例中使用了一个由我们创造出来的纯粹的观念结构。它是信条，教会的法律规范和道德规范，生活方式的准则和无数由我们联合在一个“观念”中的个别关系的结合。这是一个我们若不运用理想类型的概念便完全不可能毫无矛盾地达到的综合。

我们用以描述这类“观念”的概念体系的逻辑结构和它与经验实在直接提供给我们的东西之间的关系，当然是极为不同的。当我们涉及一个或几个易于阐述的理论命题——比如加尔文的命定论信念——或可以清楚地阐述的道德公设支配人们和产生历史结果的情况时，事情就相对地简单一些，我们把这些“观念”区分为不同等级的观念，后者是逻辑地从前者发展出来的。的确，人们自然很容易忽略，无论观念的纯粹的逻辑说明力量在历史上有着多么重大的意义——马克思主义就是一个突出的例子——，人们头脑中的经验—历史的过程总是必须理解为受到心理制约的，而不是受到逻辑制约的。这种对历史上起作用的观念结构之综合的理想类型特点就依然会很清楚地展现出来，即使那些基本的指导原则和公设在一些人的头脑中根本不存在了或不再存在了，而这些人受着从这些基本原则和公设逻辑地推论出来的或以它们为依据通过联想引起的观念的支配，因为历史上最初的基础“观念”或者已经消失，或者一般地只是前后一贯地得到扩展。当那些基本的指导原则起先只是极不充分地或全然未成为清楚的意识，或者至少没有采用清楚的思想体系的形式时，作为一种我们创造的“观念”的综合特点就显得格外明显。如同极其经常出现和必定出现的情况一样，当我们采取这样的步骤时，我们在这些“观念”——比如某一个时期的“自由主义”，或“卫理公会派”，或“社会主义”的任何一种在思想上较粗糙的变种——中涉及的，是与我们所由出发的经济时代“原则”的综合具有完全同样特点的纯粹的理想类型。所描述的这种联系愈是广博，它们的文化意义愈是多重化，用概念体系或观念体系对它们概括的综合描述就愈接近于理想类型的特点，这样的概念也就愈不可能使人满足，因而一再重复的以构造新的理想类型的方法去查明意义的更新的方面的努力，也就愈自然而然和不可避免。比如当所有关于基督教信仰“本质”的描述被看作为经验存在的历史描述时，它们就必然永远只具颇为相对的和尚成疑问的有效性；相反，当它们仅仅被用作比较和衡量实在的概念手段时，它们对于研究具有高度的启发价值，对于描述具有高度的系统价值。它们由于这种功能是真正不可或缺的。但是，还有另外一种意义远为复杂的因素包含在这种理想类型的描述之中。它们想要成为或常常无意识地成为不仅是逻辑意义上的理想类型而且也是实践意义上的理想类型，亦即模式类型，后者包含——就我们的例子而论——以描述者看来基督教所应当是的东西和基督教的“本质的东西”，因为这是永远有价值的。但是，无论这是有意识或者——经常——是无意识的情况，它们还是包含着描述者以评价的方式使基督教与之关联的理想：任务和目的，他从这一点出发调整他的基督教“观念”，而这种理想自然可能而且毫无疑问与那个时代的人，比如早期基督徒和基督教相关联的价值将始终是极为不同的。但是，具有这种意义的“观念”自然不再是纯粹的逻辑的辅助手段，不再是实在据以得到比较和衡量的概念，而是对实在作价值判断所根据的理想。这里所涉及的也不再是经验的东西与价值的关联，而是在基督教的“概念”中所采取的价值判断。因为理想类型在这里要求经验的有效性，它深入到基督教的价值解释的领域里面而在其中突现出来。经验科学的领域已抛在背后。这里所面临的是个人信仰的自白，而非理想类型概念的结构。虽然这种区别是根本的区别，“观念”的那两种根本不同意义的混淆仍然格外频繁地出现在历史研究的过程中。一旦从事描述的历史学家开始发表他自己关于个人和时代的“见解”，这种混淆就总是极易想知的。与施洛塞尔(Schlosser)以理性主义精神使用的常驻不变的伦理标准相反，现代受过相对主义熏陶的历史学家，一方面从其本身来理解他所谈及的时代，另一方面仍然要对它进行“判断”，他们要求从“材料”推出他们判断的标准，也就是说，让理解意义上的“观念”从“理想类型”意义上的“观念”中产生出来。这种处理方法的强劲的美学魅力诱使他们不断地抹去使两者区别开来的界限——这是一种摇摆，它一方面可能不许可作评价判断，另一方面力图拒绝对他们自己的判断承担责任。但是，把实在与逻辑意义上的理想类型进行逻辑比较的关系从出于理想而对实在所作的评价判断截然区别开来，反而是科学的自我节制的基本职责和防止蒙骗的唯一手段。如我们一再重复的那样，我们意义上的“理想类型”是与评价判断毫无干系的，它只与逻辑的“完善性”相关。既有妓院的理想类型，也有宗教的理想类型，而且既有从今天警察伦理观点看来在技术上会是“合乎目的”的一类妓院的理想类型，也有情况恰恰相反的妓院的理想类型。

这里我们迫不得已必须放弃对最为复杂最令人感兴趣的事例即国家概念的逻辑结构的深入讨论。只是下面一点应该予以注意：当我们问到在经验实在中与“国家”观念相符合的是什么时，我们就会发现人的无数含混和晦暗的行动和忍耐，无数实际上和法律上有秩序的关系，无数部分重复一次，部分恒常重复的特点，都通过一种观念，即对实际有效的或应当有效的规范和人对人的支配关系的信念而集中在了一起。这种信念部分是较为成熟的思想意识，部分是模糊地感受到的，部分是为一些人所被动地接受的，并以多种不同的程度存在于他们的头脑之中。这些人如果真正这样清楚地来考虑这个“观念”，他们的确不会首先要求旨在发挥这种观念的“一般国家学说”。无论怎么说，科学的国家概念自然始终是我们为了某种认识的目的而预先采取的综合。但是，另一方面，它也是从存在于历史上的人们头脑里含混的综合中抽象出来的。但是，同时代人在那些综合中所采纳的那个历史时期的“国家”的具体内容反而只能依照理想类型的指示才能被观察到。而且，不容有丝毫怀疑的是，同时代人始终以逻辑上不完善的形式实现这些综合的方式对于他们为自己创造的国家“观念”——比如与德国人的“有机的”国家形而上学相对照的美国人的“商业”观点——具有巨大的实践意义，换言之，被认为有效的或应当有效的实际观念和为了认识目的而构造的理论的理想类型，在这里也彼此靠近和始终趋向于互相变换。

我们在上面有意地把“理想类型”从本质上——如果还不是唯一的话——视为一种思想结构，它衡量和系统地刻画个别的、亦即因其唯一的特性而有意义的种种联系——比如基督教、资本主义等等——的特征。我们这样做是为了消除如下的流行观点：仿佛在文化现象的领域内抽象的类型与抽象的种类是一致的。事实并非如此。即使这里不能从原则上分析几经探讨和由于误用而信誉扫地的“类型”概念，我们仍然已经从前面的讨论中推知，在排除了“偶然”这个意义上的类型概念的构造也恰在历史个体那里找到了它们的位置。然而，这些我们一直作为历史描述和具体历史概念的成分而碰见的类概念，也能够通过对其中某些基本概念因素的抽象和提高而形成为理想类型。这甚至是实践中运用理想类型概念的特别经常和特别重要的情形。每一个个别的理想类型都是由类概念成分和作为理想类型形成的概念成分组成的。但是，在这种情况中，理想类型概念的特殊逻辑功能也表现了出来。只要我略去概念成分的意义不计而简单地分析日常语言惯用法，那么比如“交换”概念就是为许多现象所共有的种种特征的复合体意义上的简单类概念。然而,如果我把这个概念与比如“边际效用规律”联系起来,把“经济交换”概念当作合理的经济事件构造起来,那么,这个概念就像每一个逻辑上得到充分发展的概念一样,在自身之中包含着对于交换的“典型”条件的判断。它具有了发生学的特点,因而同时在逻辑的意义上理想类型化了,这也就是说它脱离了经验实在,而后者只能与它比较和发生关系。一切所谓的国民经济学的“基础概念”也都与此相似:它借以发展的发生学的形式只是理想类型而已。仅仅概括了经验现象共同点的简单类概念和与类相似的理想类型——比如手工业“本质”的理想类型概念——之间的对立在各个不同的情况下自然是变动不居的。但是,没有哪一种这样的类概念有“类型的”特点,纯粹像类一样的“平均值”的类型是没有的。无论我们在什么地方——譬如在统计学中,一谈到“类型的”容量时,我们总是涉及比单纯的“平均值”要多的东西。问题愈是涉及在实在中作为广泛现象出现的事件的简单分类,就愈是与类概念相关;相反,在其特殊的文化意义所依赖的这些事件的成分里用概念表达出来的历史联系愈复杂,这个概念——或概念体系——自身包含的理想类型的特征就会愈多。因为构成理想类型概念的目的始终不是达到对类的相似物的分明意识,而相反是达到对于文化现象的独特性质的分明意识。

理想类型,甚至与类相似的东西可以被运用和将被运用这个事实,首先在与其他事实的联系中显示了方法论上的关切。

到目前为止,我们已经明了,理想类型在本质上仅仅是有关联系的抽象概念,这些联系由我们设想为事件之流中的不变者,作为发展赖以实现的各种历史个体。但是,现在出现了一种混乱,这个混乱借助"类型"的概念轻而易举地重新塞进了自然主义的偏见：社会科学的目的必须是把实在简化为"规律"。即使发展也同样可以构造成为理想类型，这种构造可以有相当重要的启迪价值。但是，这也在相当大的程度上带来了危险：理想类型和实在相互混用。譬如人们可能在理论上达致这样一个结论：在严格以"手工业原则"组织起来的社会中，资本积累的唯一源泉可能是地租。从这一点出发，人们于是或许能够——因为这个结构的正确性在这里尚待考证——建立一个从手工业经济形式转变为资本主义经济形式的纯粹理想图像，它受到一些引起简单的因素——有限的土地，增长的人口，贵金属的流入，生活方式的合理化——的制约。发展的经验—历史的过程是否实际上就是所建立的过程，这只有借助于作为启迪工具的这种结构并通过理想类型与"事实"比较的方法才可得到检验。如果理想类型是"正确地"建立起来的，而实际的过程与理想类型指示的过程不相符合，那么中世纪社会在某些方面不是严格"遵循手工业原则的社会"这个结论就因此而得到了证明。而且如果理想类型是以启迪式的"理想"方式构成的——这在我们的例子里是否发生以及如何发生，我们在这里完全不作考虑——那么它同时就引导研究走向一条通往更精确地把握中世纪社会中那些有自己特点和历史意义的、不遵循手工业规则的成分的道路。如果达到了这个结果，它就完成了它的逻辑目标，这恰是因为它证明了自身的非实在性。它是——在这种情况下——对假设的检验。这个过程并不产生任何方法论上的疑义，只要人们始终意识到：理想类型的发展结构与历史是有严格区别的两种东西，而结构在这里仅仅是一种手段，它能够从我们现有的知识出发有计划且有效地把历史事件归源于它的实在原因。

经验中的某些情况使得严格地维持这种区别格外困难。考虑到直观地证明理想类型或理想类型的发展的长处，人们将试图通过来自经验、历史的实在的直观材料阐明这种证明。这个自身完全合法的做法的危险在于，历史的知识在这里看来是理论的仆人而不是相反。或者把这种关系看作正常的关系，或者更糟的是使理论和历史相互换用乃至使它们彼此完全混淆起来，这显而易见颇能诱惑理论家。当一种发展的理想结构与某些文化结构（比如来自于“封闭的家庭经济”的工业企业形式，或者比如自“瞬间的诸神”发端的宗教概念）的理想类型的概念分类被互相交错地用作为发生学的分类时，这种情况就达到了登峰造极的地步。由选择出来的概念标准所产生的类型系列，因而好像是具有规律必然性的类型的历史次序。于是，概念的逻辑秩序这一方面，和概念在空间、时间和因果联接中的经验秩序这另一方面，显得如此密切地结合在一起，以致为了在实在中证明结构的真正有效而对实在施加强力的尝试，几乎成为不可避免了。

我们在讨论时有意地避免涉及对我们极其重要的理想类型：马克思的理论，我们这样做，是为了不致因马克思—解释的卷入而使论述更加复杂，也是为了不在我们这个将会把论述伟大思想家的文献和依据伟大思想家而写成的文献作为经常批判分析对象的杂志上，预先来做这种讨论。因此我们这里只是指出：所有马克思主义的特殊“规律”和发展结构——只要它们无理论缺陷——当然都有理想类型的特点。这些理想类型在被用来与实在作比较时的卓尔超群的启迪意义，以及它们一旦被设想为经验地有效的或者完全现实地(亦即真正形而上学地)“起作用的力量”、“趋势”等等时的危险,都是每一个曾经使用过马克思主义概念的人所熟悉的。

类概念——理想类型——理想类型的类概念,——在历史上的人中间经验地发生作用的思想联系意义上的观念——这种观念的理想类型——支配历史上的人的理想——这种理想的理想类型——历史学家与历史发生联系的理想;——以图解方式利用经验材料的理论结构——运用作为理想的极限情况的理论概念的历史研究,——此外还有这里只能略点一下的种种可能的错综的复合体;纯粹思想的结构,它们与直接给与的经验实在的关系在一切个别的情况中都是成问题的。——仅是这个略举几例的单子就已经揭明了在文化科学领域内始终活跃的概念—方法论问题的无穷无尽的缠绕纠结。我们在这里必须完全放弃认真地讨论实际的方法论课题,只是应当将其中的有关问题揭明出来,我们也必须完全放弃详细讨论理想类型的认识与“规律的”认识之间的关系和理想类型概念与集合名词概念之间的关系,以及等等。

历史学家在历经上述所有讨论之后仍然一再坚持:理想类型形式对概念构造和结构的支配地位是学科幼稚的特别征象。在某种意义上我们同意他的意见,不过却带有不同于他将要得出的结论。让我们从其他学科举几个例子。勤奋的中学三年级学生和低级的语言学家一样首先设想语言是“相互联系不可分割的”,亦即设想为一个受规范支配的超经验的总体,而科学的任务则是确定何种语言规则应该是有效的,这一点的确是真实无疑的。对“书面语言”进行逻辑加工,就如科若斯卡(Crusca)科学院所做的那样,把它的内容归结为规则,是“语言学”承担的第一个正规的任务。

当今天语言学界的一位领袖人物相反宣布“每一个个人的言语”是语言学研究的对象时，甚至提出这样的纲领的可能性也只是在书面语言里有了相对固定的理想类型之后才能出现，而其他对于言语的无限多样性的全部无定向和无穷尽的彻底研究能够运用（至少是潜在地）这个理想类型。——自然法的国家理论和有机的国家理论的结构所发挥的功能也非例外，或者比如——为了牢记我们意义上的理想类型——本雅明·康斯坦特（Benjamin Constant）的古代国家理论亦是如此，它在一定的程度上是人们学会适应经验事实的广阔海洋之前的避风港。所以，已经成熟的科学在事实上总是意味着对理想类型的超越，只要理想类型被认为是经验地有效的或被认为是类概念。然而，一旦人们谨慎地把握住聪明的康斯坦特的理想类型的特点，那么利用他的结构证明古代国家生活的某些方面和历史特性在今天仍然是完全合法的，不仅如此，而且主要的是，一些科学被赋有永恒的青春活力，它们便是所有的历史学科。永远奔腾向前的文化之流始终把这些学科导向新出现的问题，在它们任务的核心中包含着所有理想类型的暂时性，但是同时包含着更新的理想类型结构的不可避免性。

确定历史概念“固有的”和“真正的”意义的尝试一再复现，并且从未达到目的。因此，历史学不断使用的综合总是或者仅仅保持为相对确定的概念，或者一旦概念内容的单义性勉强地被求得，这个概念就成为抽象的理想类型，因此揭示自身是一个理论的所以也是片面的观点，它阐明它能关联的实在，但是，它表明自身显然不适宜作为实在能在其中纤毫无遗地得到安排分类的图式。因为我们为了把握当前有意义的实在成分所必需的观念体系的任何一个确实都不能穷尽无限丰富的实在。它们无非都是根据我们当时的知识状况和当时为我们所支配的概念结构给一些事实的混沌带来秩序的尝试,而这些事实是我们当时划归自己的兴趣范围之内的。思维机制是已往发展起来的,它是对直接给与的实在的思维加工的产物,实际上则是对直接给与的实在的思维改造的产物,是对符合关于实在的认识状况和兴趣指向的概念进行分类的产物。它与我们能够和意欲从来自实在的新知识那里获得的观念处于始终不断的争议之中。文化科学研究的进步在这种斗争中得到实现。它的结局便是不断地改造我们试图用以把握实在的那些概念的过程。社会生活的科学的历史因而是并且还会是两种尝试的不断更替:或通过概念的构成在思想中整理事实——这样获得的思想图像因科学视野的拓展和推移而消解,——或在经受了这样变动的基础上重新构造概念。这决不是说构造一般概念体系的尝试错了,——任何科学,甚至简单的描述性的历史都运用它们所在时代的既有概念——相反,这个过程表明:在人类文化科学中,概念的构造依赖于问题的提出,而后者是会随文化自身的内容而变化的。在文化科学中,概念和概念所把握的东西之间的关系导致了每一个这样的综合的消逝。构造概念的那些伟大尝试在我们科学领域内的价值总是恰恰在于,它们揭示了自身所依据的观点的意义有种种局限。社会科学领域内影响最为深远的进步实质上是与实际的文化问题的变换联系在一起的,并且采取了批判概念构造的形式。致力于这种批判的目的和为此而在社会科学领域内研究综合原则的目的,乃是我们杂志最主要的任务。

鉴于我们从上面的论述得出的结论,我们现在达到了一个关节点，在这里我们或许与我们也属其弟子的历史学派的许多代表人物，甚至杰出的代表人物的观点不时大相径庭。后者在许多方面或明或暗地坚持一种观点：一切科学的最终目的和目标是把它们的材料安排在一个概念的体系之中，这个体系的内容是通过对经验的合乎规则性的观察，假设的建立和证明而取得的并且逐渐地完善的，直到最后一个"完美的"因而演绎的科学会从中出现。对于这个目的来说，当代的历史—归纳研究是由我们学科的不完善性而引起的一种准备工作。从这种思考方法的角度来看，没有什么比建立和使用分明的概念显得更成问题了，它们看来是过分草率地致力于提前完成遥远未来的目的。——在古代经院哲学认识论的领域内，这种见解根本是无法驳斥的，而那种认识论甚至已融化在历史学派大多数专家的血液之中了：以表象的方式模写"客观"实在被假定为概念的目的，因而它一再提示一切清晰概念的非实在性。如果谁接受了源于康德的现代认识论的基本思想，即概念其实是并且只有它才能是达到由理性支配经验材料的这个目的的思想工具，那么清楚的发生学概念必然是理想类型这个事实，就不会使得他对于构造这样的概念裹足不前了。概念和历史研究的关系对他来说颠倒了过来：历史学派的最终目的在他看来在逻辑上是不可能的，概念不是目的，而是手段，服务于认识那些因个别观点而有意义的联系的目的。正是因为历史概念的内容必然是可以变化的，所以它们在任何时候都必须予以精确的表述。他只会要求，在运用这些概念时，它们作为理想的思想结构的特征须时时得到谨慎的保持，理想类型和历史不可混淆。因为考虑到主导的价值观念的不可避免的变化，现实地确定的历史概念不能被看作是一般的最终目的，所以他认为：正是通过为当时个别的主导观点构造一些清楚的和单义的概念，才有可能时时刻刻清楚地意识到它们有效性的界限。

现在有人会指出，而且我们也已承认，在个别情况下一种具体的历史联系很可以从它的过程得到说明，而不必时时与确定的概念相关。因此，有人对我们学科的历史学家声称，他们与所提及的政治史学家一样，可以说"生活的语言"，的确如此！只不过需要补充一点：在使用这种方法时，清楚地意识到相关事件借以获得意义的观点，则必然常常是相当偶然的情况。我们一般并不居于政治史家那样有利的地位，在那里，他的描述所指向的文化内容惯常是——或者看起来是明确的。每一个单纯生动的叙述都带有艺术描写意义的独特性质："每个人看见他心里所装的东西。"——有效的判断总是以对直观的逻辑加工，亦即运用概念为前提条件的。预备好这种直观的东西虽然是可能的和通常具有美学上的吸引力，但它始终危及读者以及常常危及作者本自于对自己判断的内容的影响的了解的可靠性。

在实际的经济政策和社会政策的讨论中，忽视构造清楚的概念已经变得尤其危险。比如，由于使用术语"价值"——我们学科难以管教的孩子，它只有作为理想类型才能被赋予一种明确的意义——或者使用一般经不起精确的概念分析的词语如"生产性的"、"从国民经济学的观点出发"等等，已经在这里造成了何等的混乱。这在局外人那里是完全难以置信的。而且正是取自日常语言的集合概念带来了主要的不幸。为了使外行人也能一望而知，我们择取如出现在复合词组"农业利益"中的"农业"概念作为范例。如果我们首先把“农业利益”看作单个的经济个体关于他们利益的可经验地证实的、或多或少清楚的“主观的”观念，并且完全撇开繁殖牲畜的农民、饲养牲畜的农民、种植谷物的农民、消费谷物的农民、酿制烧酒的农民等之间的无数矛盾，那么虽然并非每一个外行都了解，但每一个专业人员却都了解，凭借那个名称所含混地设想的是一大堆杂乱无章、彼此矛盾的价值关系。我们只想在这里略举几例：打算出卖地产，因而仅对飞涨的土地价格感兴趣的农场主的利益，——与此相反，打算购买、兼并、租赁地产的人的利益；那些为了子孙的优越社会地位而想保持一些地产并因而对地产的持久性感兴趣的人的利益，——相反那些为了自己和他们孩子的利益而想使土地转入更有事业心的主人或者——其情形略有不同——转入资本雄厚的买主之手的人的利益；私营经济中的“最能干的”农场主在自由经济活动中纯粹经济上的利益；——与此正相冲突的某些统治阶层的利益，他们要维护自己“等级”以及自己后代的传统的社会政治地位；农场主里面的从属阶层从废除居于他们之上、压制他们自己的地位的阶层所得的社会利益；——有时在那些政治领导者保护他们经济利益时他们所具有的与上述社会利益相冲突的利益。——虽然我们尽可能地扼要和简明，这个单子还可以大大增加而不至于穷尽。各种极其不同的纯粹理想价值能与这一类颇为“利己主义的”利益混淆，联接，能阻遏或远避它们，这一点我们略去不顾，以便首先牢记：当我们谈到“农业利益”时，我们通常不仅想到当时的农民把自己的利益与之联系起来的那种物质的和理想的价值，而且同时想到我们能够使农业与之相关的那些价值观念，其中一部分是完全与农业不同的，——比如，生产的利益，它来自于居民在便宜的食物方面的利益和与前者并不始终一致的品质优良的食物方面的利益，在这个范围内，城市和农村之间可能存在着最为多种多样的冲突，而且当代人的利益和后代人可能的利益想必也决不会是一致的；——人口的利益，特别是大量农村人口的利益，如果它得自"国家"利益的话，那就是强权政治的利益和国内政治的利益，或者来自各种其他不同的理想的利益，比如大量农村人口对于农村文化性质的预期的影响；——这种人口利益可能与农村各个部门居民极其不同的私营经济利益相冲突，而且可以设想它会与大量农村人口的一切目前利益相冲突。或者，为了获得从其中产生出来的那种政治和文化的影响而对农村人口社会层次进行划分的某种利益；按照其方向这种利益可能与所有可想象的个别农场主们以及"国家"的利益，甚至是最切近的目前的和未来的利益相矛盾。使情况更加复杂的是，我们喜欢把这样的和许多其他类似的个别利益与国家"利益"联系起来，但是在我们看来，"国家"在这个问题上通常只是为一堆混乱纠杂到了极点的价值观念打掩护的假名，而我们在个别情况中又把这些价值观念与国家联系起来：针对外部的纯粹的军事安全，针对内部的君主或某个阶级统治地位的安全；出于其自身的缘故或关系到某些客观的文化价值的利益，维护和扩大国家的政府形式统一性的利益，我们作为政治统一的人民相信我们拥护这些自身内部歧异纷呈的价值；依照某种依然颇多差异的文化理想改造国家的社会特征，——这会使我们走得太远，尽管只是粗略地提示了一下我们用以关联"农业"的"国家利益"这个通用的标签下所包含的诸方面。这里选出来的例子和仍然很概括的分析既粗糙又简单，现在外行可以用类似的(和更彻底的)方法分析一下比如“工人的阶级利益”的概念,以便了解它暗含着怎样的一堆部分来自工人的利益和理想、部分来自我们看待工人时所依据的理想的矛盾。通过纯粹经验主义地强调它们的“相对性”,是不可能克服利益斗争的标语口号的:凭借概念清楚而精确地规定各种可能的观点是唯一的道路,它把我们从含糊的短词中领了出来。“自由贸易的理由”作为“世界观”或有效的规范是微不足道的,但是——而且个人想赞成无论何种贸易政策的理想是完全无所谓的——我们低估了在这样的理想类型公式中所表达的世界上最伟大的商人们古老的处世明理的启迪价值,这给我们贸易政策的探讨带来了严重的危害。只有凭借理想的概念形式,我们在个别情况下所涉及的各种观点才会真正地变得明白起来,而经验现实与理想类型的对照则显现了它们的特点。使用日常语言的无区别的集合概念始终是思想和意旨不清楚的托词,它确实也常常是令人可疑的蒙骗工具,它又始终是妨碍阐述恰当地提出来的问题的手段。

我们已经到了这篇文章的结尾,通篇论述的唯一目的就是刻画出区别科学和信念的大都很细微的线索,和阐明社会经济知识的动机的意义。一切经验知识的客观有效性依赖于并且仅仅依赖于如下一点:既定的实在按照范畴得到整理,而这种范畴在一种特定的意义上,亦即在它表述了我们认识的先决条件的意义上是主观的,并且是受到惟有经验知识才能提供给我们的那些真理的价值前提制约的。谁认为这种真理是无价值的——对于科学真理的价值的信念是某种文化的产物而不是某种与生俱来的东西——我们就无法用我们的科学手段来给他提供什么。他自然将徒劳地寻找另外一种真理，这种真理在他看来在那些它唯一能有所成就的方面，即概念和判断方面取代了科学，而这些概念和判断既非经验实在，亦非对它的摹写，但是可以用有效的方法对它进行思想上的安排整理。就如我们已经看到的那样，在经验的社会文化科学领域内，要达到关于无限丰富的事件中对于我们来说乃本质的东西的有意义的认识，其可能性依赖于不断地运用具有独特性的观点，这些观点归根结底都指向价值观念。这些价值观念本身虽然在经验中可以作为一切有意义的人类行动的因素而被查明和遇到，但无法从经验材料那里寻得它们有效的根据。相反，社会科学认识的科学"客观性"依赖于下面这个事实：经验的所与虽然始终为人调向唯一使它们值得认识的价值观念，并因它们所具有的源于这些价值观念的意义而被理解，但是决不会被做成这些观念在经验中无法得到其有效性证明的支柱。我们大家都以某种形式相信，我们用以泊定我们生存的意义的终极价值观念具有超经验的有效性。这种信念并不排斥，而是包含着经验实在据以获得意义的各种具体观念不息的可变性。在其非理性的实在之中，生活是不会枯竭的，在可能的意义方面，生活的内容也是不会枯竭的，价值关联的具体形态因而始终更替不已，在进入人类文明的朦胧未来之时，经受着不断的变化。终极价值观念射出的光芒时时照亮了事件浩渺无垠的混沌之流中变幻不定的有限片断，这混沌之流将随时间而奔腾向前。

现在，所有这一切不应该被误解为，社会科学的根本任务应该是不断地追逐新的观点和追随新概念的构成。相反，下面一个命题比起任何其他命题来应该得到更为分明的强调：致力于认识具体历史联系的文化意义是唯一的最终目的，除了其他的手段之外，概念构造和概念批判也要服务于这个目的。——在我们的领域也有如菲舍尔（F. Th. Vischer）所说的“材料狩猎神”和“意义狩猎神”。前者对事实的欲壑只有档案材料、统计巨册和调查表格才能填满，对于新观念的精致他是毫无感觉的。后者由于总是贪餍新观念的精美而败坏了对于事实的鉴赏力。真正的艺术才能，如历史家兰克所秉具有高超才能，总是表现在知道如何通过将人所熟悉的事实与人所熟悉的观点关联起来而后产生新的认识。

一个专门化时代中的所有文化科学研究，一旦它们通过提出特定的问题指向既定的材料，建立了它们的方法论原则，就会把加工材料看作目的的本身，而不是继续有意识地根据最终的价值观念来检查个别材料的认识价值，更没有始终意识到这种认识价值是植根于最终价值之中的。这并没有什么不好。但是在某一时刻，这种氛围变化了。被人无反思地运用的观点的意义变得不确定了，道路迷失在昏茫之中。伟大的文化问题的光芒又引领前去。于是科学准备变换自己的立足点和概念体系，从思想的高度俯望事件的川流。它依随那些唯一能指示其劳作的意义和方向的天体：

……而我新的冲动又继续以起，
我要赶去吞饮永恒的光辉，
白昼在我前面，黑夜在我后背，
青天在我上面，大海在我下边。①

① 《浮士德》，第一部，第二场（译文选自郭沫若译本）。

文化科学逻辑领域内的批判性研究

（1906 年）

一、与爱德华·迈尔[①]商榷

如果我们一位杰出的历史学家认为有必要向自己和对同行解释一下他的工作目的和方法，那么这就唤起了一种远远超出专业范围的兴趣，因为他因此逾越了他的个别学科的界线，踏入认识论考察的领域。逻辑的范畴在它今天的发展中与其他学科一样已成为专门学科，为了得到切实可行的运用，它需要人们像熟悉任何其他学科一样地日日熟悉它。很显然，我们正在讨论其大作《论历史的理论和方法论》（哈勒，1902）的爱德华·迈尔，对这类逻辑问题所作的经常的思考琢磨，除了作者下面文字所述及的那么一点外，不能也不想提出更多的要求。这部著作关于认识论的批判阐述可以说是病人自己而非医生的诊断，而且它们意在于得到如此的评价和理解。专业逻辑学家和认识论家会因而对迈尔的许多阐述感到愤慨，他们或许在那部著作中得不到适合于他们的目的的真正

① Edward Meyer，1855—1930 年，德国历史学家。——译注

的新东西。单单这一点并不就消除了它对于相近的个别学科的意义。[①] 的确，专业认识论的最富意义的成果利用了依"理想类型"方式构成的有关个别科学的认识目的和方法的概念，并且因而高高飞越了这个题目，以致个别科学在那种讨论中很难用肉眼重新看到自己。因此，它们在自己领域内的方法论探讨，尽管或者在某种意义上正是因为它们的按认识论标准衡量乃不全面的阐述，常常有助于它们的自我澄清。迈尔清晰易解的叙述确实使相近学科的专家们有可能把目光集中在一系列观点上，以便解决他们和狭义的历史学家共同的逻辑问题。这就是本文下面讨论的目的，这个讨论将首先联系到迈尔的著作依次阐明一些特殊的逻辑问题，然后依照这里所达到的观点讨论一些更加深入研究文化科学逻辑的新著。因此，我们着意从纯历史的问题出发，在较后的讨论中才上升到那些寻求"规则"和"规律"的有关社会生活的学科，因为迄今为止，人们往往试图通过划定与"自然科学"分野的界限来规定社会科学的性质。对此，一个潜在的前提始终起着作用："历史"是一门纯粹集合材料的学科，倘非如此，也仍然是一门纯粹"记述的"学科，它在有利的情况下把"事实"拿来用作服务于现在才开始的"真正的"科学工作的建筑材料。而且，遗憾的恰恰是，专业的历史学家通过他们力图用来建立专业意义上的"历史学"的独特性质的方式，大大地有助于

① 人们因此不必存心把下述意在找出迈尔阐述弱点的批判归结为自以为无所不知的人的自诩。一个卓越的作者所犯的错误比科学上无足轻重的人的正确更富教益。这里的意图不在于公正积极地评价迈尔的成就，恰恰相反，在于通过了解他如何试图以种种极为不同的成果使自己勉强接受历史逻辑的一些重要问题，从他的不完善性中学到一些东西。

加强如下的偏见："历史学"的研究是某种与"科学"工作有质的差异的工作，因为"概念"和"规则"与"历史""无关"。因为，由于受到"历史学派"持久的影响，现在我们学科的基础，常常是以"历史学的"方式建立起来的，并且因为我们的学科与"理论"的关系一如二十五年前，依然是成问题的，所以看来正确的做法是首先提出下面的问题：在逻辑的意义上，在"历史"研究的名下所能理解的究竟是什么，并且在"历史"研究毫无疑义的、和人所共认的范围内解决这个问题，而我们这里首先予以批判的著作所从事的就是这种工作。

爱德华·迈尔一开始就警告人们提防过高地评价方法论研究对于历史学**实践**的意义：广博的方法论知识不能使任何人成为历史学家，错误的方法论观点并不一定是由错误的科学实践引起的，而只是表明历史学家错误地阐述或解释他自己正确的工作准则。我们基本上可以同意下述命题：方法论始终只能是对在实践中得到检验的手段的反思；明确地意识到这种方法论几乎不是富有成效的工作的前提条件，就如解剖学的知识几乎不是"正确"迈步的前提条件一样。诚然，就如那些要按照解剖知识一直控制自己走路姿势的人有跌跟斗的危险一样，那些试图在方法论思考的基础上从另一方面来规定他的工作目的的专家学者也会遇到类似的情况。[①] 如果方法论的研究——这自然**也**是他的意图——能够在某一点上直接有助于历史学家的实践，那么这恰恰在于它使他能够不被那些用哲学妙语道出的一知半解牵着鼻子走。只有通过阐明

① 如果爱德华·迈尔过于想要从字面上将他自己建立的命题付诸实施，他也会——如下面还会看到的那样——遇到同样的情形。

和解决实在的问题，科学才有基础，它的方法才能继续发展，相反，纯粹认识论和方法论的思考决不会在这方面发挥决定性的作用。随着一种使材料成为阐述对象的“历史观点”的剧烈变动，一种观念显露出来了：新的“历史观点”仍然取决于对遗留迄今的“事业”借以运转的逻辑形式的修正。只有在这个时候，这样的探讨才常常是对科学自身的事业具有重要性的，而其自身研究的“性质”的不确定性也因此而产生了。这种情形既然毫无疑义地是当代历史学所处的状况，那么爱德华·迈尔关于方法论基本上无意义的观点也就有理由不妨碍他自己今天从事方法论的研究。

他首先着手叙述近来力图从方法论的立场出发改造历史科学的理论，阐述了他将予以特别的批判性分析的观点(第5页及以后诸页)：

1. 有些东西对历史毫无意义，因而不应该被看作恰当地属于科学：

a)“偶然的东西”；

b)具体人物的“随意”决定；

c)观念对于个人行动的影响，——或者相反的论断；

2. 科学认识的真正对象是：

a)与个人行动相对的“大量现象”；

b)与“单一的东西”相对的“类型的东西”；

c)“共同体”的发展，尤其是与个人政治行动相对的社会的“阶级”或“民族”的发展；最后

3. 历史的发展，因为在科学上只能以因果方式来理解，所以被看作按“规律”进行的过程。因而，发现必然“以类型的方式”依次出现的人类共同体的“发展阶段”和把历史的多样性划入其中，是历史研究的真正目的。

在下面的讨论中，所有那些爱·迈尔在阐述中特别用于分析兰普雷希特（Lamprecht）的观点都将暂且搁置一边，并且保留对爱·迈尔的论证进行分类和把其中的少数一些抽出来在后面的行文里予以特别讨论的自由，这有益于后面那个目的不在于单纯批判爱·迈尔著作的研究的要求。

爱·迈尔首先提出“自由意志”和“偶然性”——依照他的观点两者是“完全确定和清楚的概念”——在历史和一般生活中所起的重大作用来反对他所批判的观点。

首先就“偶然性”（第 17 页及以后诸页）的讨论而论，不言而喻，爱·迈尔把它不是理解为客观的“无原因性”（形而上学意义上的“绝对的”偶然性），也不是理解为主观的、在某类事件（投骰子）的每一个别情况中必然一再碰到的认识因果条件的绝对不可能性（认识论意义上的“绝对”偶然性[①]），而是理解为一种“相对”偶然性，其意义是指分别考虑的不同因果复合体之间的逻辑关系，而且在整体上主要以这种概念今天仍然为专业逻辑学理论所接受的方式来理解它，尽管自然不是处处都有“正确”的阐述。这种理论从本质上可以追溯到文德尔班的处女作，尽管在个别的方面有一些进步。此外，他主要正确地区分了两种不同的偶然概念：(1)因果关系的“偶然性”概念（所谓“相对的偶然性”）：——这里的“偶然性”结果与下面一种结果正相反对；根据我们概括在概念统一性之中的事件的某种因果关系成分，这种结果是可以预期的。这种“偶

① 这种“偶然性”以诸如“投骰子”和抽签一类所谓的“机遇”为基础。关于规定某一具体结果的条件的某些部分与这个结果之间联系的绝对不可知性，对于严格意义上的“概率计算”的可能性乃是决定性的。

然的东西”是无法根据现象的普遍规则从那些被单独考虑的条件中以因果方式推论出来的东西，而是通过存在于它们“之外”的其他条件的参与而引起的东西——(2)目的论的“偶然的东西”概念，它的对立面是“本质的东西”，或者它涉及的问题是，为了认识的目的在排除实在中相对于认识的“非本质的”(“偶然的”、“个别的”)因素的情况下预先构成一个概念，或者它趋向于断定某些现实的或想象的对象乃是达到“目的”的“手段”，因而也就是断定只有某些特点作为“手段”在实践中才有重要的意义，而余下的在实践中则是“无足轻重的”(第 20—21 页)。[①] 这个阐述(尤其是第 20 页及后面诸页，在这里，对立被理解为“事件”和“对象”之间的对立)自然还令人感到有许多不足之处，而且在进一步讨论爱·迈尔对于发展概念的态度(见第二部分)时便可看到，这个问题仍完全未从其结论方面得到逻辑上周详的考虑。然而，他所作的阐述在其他方面满足了历史学实践要求。——不过，这里令我们感兴趣的是此书稍后部分(第 28 页)追溯偶然性概念的方式。爱·迈尔在那里说道：“自然科学能够……断言：如果甘油炸药被点燃，爆炸就会发生。但是预言这个爆炸在一种特殊的情况下是否发生和在什么时候发生，因而预言某一特定的人是否会受伤、炸死或得救，则为科学所力不能及，因为这取决于偶然性和科学不去认识而由历史来认识的自由意

① 这些“偶然性”概念决不会从只是相对的历史学科(例如，生物学)中被排除出去。L. M. 哈特曼(〔L. M. Hartmann〕，《历史的发展》，第 15 页、第 25 页)只谈到了——显然是接着爱·迈尔之后——这种偶然性概念和本文第 224 页注释 1〔见本书第 79 页注 1。——译注〕所论及的“实用主义的”“偶然性”概念，然而无论如何他并没有因此——尽管他作了错误的阐述——像奥伊伦贝格(Eulenberg，《德意志文学杂志》，1905，第 24 期)认为的那样，使“无原则的东西”成为“原因”。

志。”首先，“偶然性”和“自由意志”的密切联系在这里引人注目。它由于爱·迈尔引用的第二个例子显得更加突出，这个例子便是凭借天文学的方法“确定地”、即在假定不出现“干扰”(例如，外来天体自身偏离轨道而进入太阳系引起的)的前提下“计算”某个星座的位置的可能性；另一方面，他断言“不可能”预先确定那个被算出来的星座位置是否被观察到。第一，迈尔认为，那种外来天体的“自身偏离”确实是“不可计算”的——因此在这种意义上不仅历史学，连天文学也得承认“偶然性”。——其次，任何天文学家都试图“观察”被计算出来的星座位置，而且倘若无“偶然的”干扰出现，就会实际地观察到那个位置。人们得到这样一个印象，爱·迈尔尽管以彻底的决定论的方式解释了“偶然性”，他头脑中仍然还想到了“偶然性”和规定了历史现象特殊的非理性性质的“意志自由”之间特别的亲和力，虽然这一念头未清楚地表达出来。让我们来讨论这个问题。

爱·迈尔用以表明“自由意志”的内容，据他的说法(第14页)，并不包含与“公理性的”、按照他的观点甚至对于人的行动也无条件有效的“充足理由律”的矛盾。相反，行动的“自由”和“必然”的对立转化为单纯思考方式的差异：在后一种情况下，我们考虑生成的东西，而这类事物，包括实际上一度做出的决定，对于我们来说是必然的。——在前一种情况下，我们把事件看作“正在形成的”，也就是说把它看作尚未存在的，因而并非“必然的”，而是无限多样的可能性中的一种。从“正在形成的”发展观点出发，我们决不能断言：一个人的决定不可能产生与它(后来)实际上所引起的结果不同的其他结果。“在讨论人的行动时我们无法逾越‘我想要’”。

现在产生了如下的问题：爱·迈尔的意思是不是说：那种思考

方式的对立（“正在形成的”、因而“自由地”设想的“发展”——“已形成的”、因而被认为“必然的”“事实”）只涉及人的动机领域，而不涉及“无生命的”自然？因为他（第15页）注意到，那些“熟悉人物和环境”的人“或许以极高的概率”能够预料到结果——“正在形成的”决定，所以他看来并不接受这种对立。因为从给定的条件出发对个别事件现实而精确的“预计”甚至在“无生命的”自然领域也依赖于下面两个前提：1）只涉及给定的事物的“可计算的”因素，即可作量的描述的因素，2）“所有”与这个过程相关的条件都能被现实地认识和精确地测定。在其他情况——而且问题的重点一旦是事件的具体特性：譬如将来某一天的天气形势，这种情况就完全是规则——之下，我们无法逾越关于程度极为不同的确实性的概率判断。因而“自由”意志不具有特殊的地位，那种“我想要”不过是詹姆斯（James）式的意识的形式“法令”，它为刑法学家之类的人所接受而不损害他们决定论的责任理论[①]的一贯性。“自由”意志于是只意谓：因果关系的意义被归结为事实上根据或许并不完全了解、但毕竟“充足的”原因作出的决定，严格的决定论者不会认真地驳斥这种观点。如果问题不包含其他方面，我们就完全不能理解，在“偶然性”讨论中时而涉及的历史事件的不合理性概念为什么会不够充分。

在爱·迈尔观点这样一种解释的情况下，令人诧异的是，他发现在这段文字中有必要强调，“意志自由”作为“内在经验的事实”，对于个人应对自己自主活动所负的责任来说是必不可少的。这如果还有理由的话，仅仅是因为他打算赋予历史以裁判其主人翁的

① 例如见利普曼（Liepmann）的《刑法导论》（1900）。

“法官”的任务。问题是爱·迈尔在多大程度上实际地坚持这种观点。他补充说明道(第16页):“我们试图揭示出导致他们”——例如,俾斯麦(Bismarck)在1866年——“作出决定的动机,并且据此判断这类决定的正确性和他们个性的价值(注意!)”。根据这个说法,人们可以认为,爱·迈尔把获取关于“历史上行动的”人物的价值判断看作历史学的最高任务。但是,不仅他经常提及的对于“传记”的态度(著作的结尾),而且有关历史人物的“内在价值”和他们的因果意义(第50、51页)之间一致性的极为中肯的评价,都确凿无疑地表明:上面句子中所谓个人的“价值”,指的是或者只能前后一致地意指某些行动或那些具体个人的某类——对于一种可能的价值判断而言,可以是肯定的,或者也可以如弗里德里希·威廉四世(Friedrich Wilhelm IV)的情况那样是否定的——品质的因果“意义”。但是,关于那类决定的“正确性”的“判断”的意义,人们仍旧可以作多种多样的理解,或者再度理解为(1)为决定提供根据的目标“价值”判断,譬如从德意志爱国者的立场出发,把奥地利排挤出德国的目标,或者理解为(2)根据下面的问题对那个判断所作的分析:是否,或毋宁为什么——因为历史用“是”来回答这个问题——决定进行战争在那个时刻是达到德国统一那个目标的适当手段。爱·迈尔是否实际上在心中清楚地区别了这两种问题的提法尚待辨析:很显然只有第二种才适合于有关历史因果性的论证。因为,这种在“手段和目的”范畴之下对历史状况按照“目的论”形式所作的判断,在不是作为外交官的处方手册,而是作为“历史”的描述里面显然仅有如下的意义:使关于事实的因果关系的历史意义的判断成为可能,并且断定,恰恰在那个时刻作出决定的“机会”

未被错过，因为那个决定的拍板者——如爱·迈尔所说——具有排除所有障碍而坚持这个决定的“心灵力量”；而那种决定在因果关系上怎样地取决于他性格方面的和其他的先决条件也就因此得到了规定，也就是说它规定了，譬如那种既有的“性格特点”在多大程度上和在什么意义上是历史“效果”的“契机”。但是，这类把某种历史现象依因果关系追溯至具体人的行动的问题，显然与追问伦理“责任”的内容和意义的问题判然有别。

人们可以以纯“客观的”意义来解释爱·迈尔最后这种说法，而所谓“客观的意义”就是将某些后果从因果归源方面归结为已知的“性格的”性质和行动者的“动机”。这种动机是通过上述“性格的”性质、无数“环境”和具体形势的状况得到解释的。不过在此书稍后地方（第44、45页），爱·迈尔指出“动机考察”对于历史学来说是次要的，[①]这就使人格外注意了。动机考察大都逾越可靠知识的界限，它往往简直就只是以“发生学的”方式对行动的阐述，而这种行动无法依据已有的材料得到令人满意的解释，因此，就简单地被看作“事实”了事；人们对这种做法提出的理由，虽然在个别情况下屡屡切合实际，可是考虑到有关“外在的具体事件同样颇成问

① 这里没有说清楚应该如何理解“动机考察”。然而，不言而喻，只有在具体“人物”的“决定”依我们看来在“实用的”意义上是偶然的，亦即在我们看来既不能为有意义的解释所达到也不值得作这种解释的时候，我们才承认它是绝对“最终的”事实：譬如沙皇保罗（Kaiser Pauls）那些出于空想的杂乱命令就是这样。但是，此外，历史学最无争议的任务之一向来正是在于根据历史上已知的行动“条件”、“目的”和“手段”去理解经验上已知的外在“行动”和它们的结果。爱·迈尔的做法也不例外。“动机考察”——亦即对于实际上“想要的”和这种愿望的基础的分析——一方面是预防那种分析滑入非历史的实用原则的手段，但另一方面是“历史兴趣”的主要出发点之一——我们正是希望（除了别的事情之外）弄明白：人的“愿望”如何通过历史命运的际会而变为他的“意义”。

题的"解释,就很难说它是与众不同的逻辑标准。然而无论如何,这种观点,联系到特别强调"意志决定"的纯形式因素对于历史的意义和所引证的关于"责任"的评论,在任何情况都会引起如下猜测:对于爱·迈尔来说,考察人的行动的伦理方式和因果方式,即"价值判断"和"解释",实际上在这里显示出了某种互相融合的趋势。因为,无论人们是否觉得文德尔班关于责任观念乃因果关系抽象化的论述足以成为道德意识的规范尊严的基础,[①]这个论述仍然准确地指明了,从经验科学的因果观点来看的"规范"和"价值"的世界是如何与前者划清界限的。自然,在判断某一个数学命题是否"正确"时,诸如这个命题的认识在"心理上"是如何可能实现的,高度的"数学想象"是否只有作为"数学大脑"的解剖学上病态的伴随现象才属可能这一类问题,是完全搭不上边的。认为从伦理上来评判的自己的"动机"按照经验科学的理论应当是完全受因果关系制约的这种考虑,在"良心"的论坛前面并无多少意义,与此相似,在判断一件拙劣作品的美学价值时,认为它的产生必须被看作与西斯廷教堂的产生一样是有条件的这种考虑,也同样地没有什么意义。因果分析绝不提供价值判断[②],而价值判断也决不是什么因果解释。正是出于这个缘故,对于一种事物的评价——例如一种自然事物的"美丽"——发生在有别于因果解释的领域,

① 文德尔班(《论意志自由》,最末一章)特意选择了这种看法,以将"意志自由"的问题从刑法学的讨论中分离出来。然而问题是它是否适合于刑法学家,因为有关因果关系联接方式的问题对于刑法规则的适用性来说,并不是毫不相关的。

② 然而这决不是说,对于理解对象(例如,一件艺术品)的价值意义的心理可能性来说,有关这种理解发生的因果研究并不能给它带来一些极为基本的东西。

并且也因为同样的缘故，在良心面前，或在任何的神或人的审判席面前涉及历史行动的“责任”，以及所有把哲学的“自由”问题引入历史学方法论的方式都将完全取消历史学的经验科学的特点，就如将奇迹塞入历史的因果系列一样。爱·迈尔在兰克（Ranke，第20页）之后援引了“历史学的认识和宗教世界观之间的分明区别”而极自然地否定了后一种做法，在我看来，如果他自己免受他所援引（第16页，注1）的施塔姆勒（Stammler）论述的误导而去抹煞历史学认识和伦理学之间同样分明的区别，这样就会更好一些。当爱·迈尔（第16页）认为：“因此”——也就是说因为经验上已知的自由观念和责任观念——在历史的变动中就出现了一种“纯粹个别的因素”，这种因素如不“扬弃”其本质就“决不能被归结为一种公式”，当他于是又试图凭借个别人物的个别意志决定（Willensentscbluss）的重大历史（因果关系的）意义来阐明这个命题时，从方法论上混淆不同的思考方式能造成多么大的危害立即就一清二楚了。这种陈旧的错误[①]之所以从维护历史学的逻辑特征的观点来看如此地有害，就是因为它把其他研究领域的问题拖到了历史科学领域之内，并且给人造成了一种假象：某种（反决定论的）哲学信念是历史方法有效的前提条件。

但是，假定任何一种通常所理解的意志“自由”是与行动的“非理性”一致的，或准确地说，后者是以前者为条件的，这样一种观点的错误则是显而易见的。与盲目自然力量的“反复无常”同样厉害

① 我已经在我的论文《罗雪尔（Roscher）和克尼斯（Knies）与历史学派国民经济学的逻辑问题》中详细地批判了这种错误。

但并不更厉害的特殊的反复无常，是精神病者的特权。[①] 与此相反，我们恰恰把最高度的经验的“自由感”与这样一类行动联系起来，它们是由我们有意识合理地，亦即在没有肉体上和精神上的“压力”、没有狂热的“激情”和清楚的判断“偶然”失误的情况下实现的，在这类行动中我们凭借按照我们的知识亦即经验规则的标准最适宜的手段追求清楚意识到的“目的”。倘若历史学只是处理这类在这种意义上“自由的”亦即合理的行动的话，那么它的任务就会无比的轻松，行动的目的，“动机”和“准则”可以无歧义地从所用的手段中推论出来，而构成行动中“个人因素”——在这个多义词的下意识的意义上——的所有的无理性都会被剔除出去。因为所有严格以目的论的方式发生的行动，都是那些指明了适合于达到目标的“手段”的经验规则的运用，所以历史也无非就是那种规则的运用。[②] 人

① 我们认为俄国的沙皇保罗在其晚期任意治政时的行动无法得到有意义的解释，因而是“反复无常的”，就如摧毁了西班牙无敌舰队(Armada)的风暴一样。无论在这种情况下还是在那种情况下，我们一样都放弃“动机考察”，但是很显然，这不是因为我们把这类事件解释为“自由的”，也不是仅因为它们具体的因果关系必定是对我们隐而不显的——就沙皇保罗的情况而论，病理学或许能够提供说明——而是因为它们在历史学内不足以引起我们的兴趣。我们将在后面更详细地讨论这一点。

② 参见《罗雪尔和克尼斯》一文第二部分关于这点的详细解释。——严格的合理行动——人们也可以这样称呼它——就是直接和完全地“适应”既存“条件”。例如，门格尔(Menger)的理论模式作为假设本身包含着对于“市场情况”的严格合理的“适应”，并且以一种“理想类型的”纯粹性凭借图表来说明这种情况的后果，历史学事实上不过就是“适应”的一种实用术，——L. M. 哈特曼乐意把它变成这样的说法，——如果它仅限于分析个人的个别“自由的”、亦即在目的论上绝对合理的行动的出现和交错关系的话。人们假如像哈特曼所做的那样，从“适应”这个概念中排除目的论的、合理的意义，那么就如下面有机会进一步表明的那样，它对于历史学来说，会成来平淡无味的概念。〔实用术(Pragmatik)，韦伯用以指正确行动的技术。后面实用一词及其衍生词都用于这种意义。——译注〕

的行动不可能得到如此纯粹合理的解释，不仅关于事实的不合理的"先入之见"，思维偏差和错误，而且"脾性"、"情绪"和"冲动"都损害他的"自由"，这也就是说他的行动——在不同的程序上——也具有"自然现象"的经验上的"无意义性"，这一切恰好制约了纯粹实用历史学的不可能性。然而行动与种种个别的自然事件一起分有这类"无理性"，并且如果历史学家在解释历史的关系时也把人行动的"无理性"说成干扰因素，那么他因而就不是把历史—经验的行动与自然现象相比较，而与一种纯粹合理的、亦即完全受目的规定的和绝对指向适当手段的理想行动相比较。

爱德华·迈尔关于历史研究特有的范畴"偶然"和"自由意志"的阐述，因为揭示了把不同类的问题引入历史学方法论的某种不甚明朗的倾向，所以进一步证实了他的历史因果关系的解释包含着明显的矛盾。在第 40 页，他强调指出，历史研究始终依照从结果到原因的秩序寻找因果关系的系列。甚至这一点——就爱·迈尔的表述来说[①]——也是大可怀疑的。相对于一种作为事实给定的或新近认识到的正在形成的历史事件，先以假设形式阐述其可能引起的种种结果，然后通过"事实"的检验而对这个假设进行验证，做到这一点是完全可能的。正如后面会看到的那样，其意思所指乃是在其他方面，即新近所谓的"目的论依赖"原则，它支配了历史学对因果关系的兴趣。但是，进一步说，如果上述那种由结果而至原因的追溯被声称为只是历史学所特有的，那么这当然也是不切合实际的。具体的"自然事件"的因果"解释"完全是以这种方法

① 在第 40 页，他不幸说道：历史研究从事从结果到原因的推论。

而不是以别的方式进行的。我们看到，第 14 页提出了这样一个观点：已生成的东西对于我们来说就是安全必然的，而只有被认作“正在生成的东西”才算是纯粹“可能性”，而在第 40 页他相反强调从结果而至原因的推论中特点难以解决的疑点，这样，以致爱·迈尔自己都要考虑在历史学领域避免“原因”一词，并且如我们看到的那样，“动机考察”在他眼里也已不再可信了。

人们可以在爱·迈尔的意义上这样来解决最后一个问题：那种推论的难决之点只存在于我们认识能力的基本限制之中，所以决定性（Determiniertheit）也依然是理想的设定。不过，他在 23 页也断然拒绝了这一点，接着（第 24 页）的讨论再度引起严重的怀疑。爱德华·迈尔曾经在《古代史》的导论中把“普遍”和“特殊”的关系等同于“自由”和“必然”的关系，并且把这两种关系都等同于“个别”和“全体”的关系，于是便导致这样的结果：“自由”因而（参见上面）“个人”在历史现象的“细节”方面起支配作用，而“规律”，准确地说是“规则”，主导历史现象的“基本趋向”。他在 25 页明确收回了这种在“现代”历史学家中颇为盛行、在这样的表述中完全错误的观点，这部分是受到李凯尔特的影响，部分是受到冯·贝洛（V. Below）的影响。后者特别反感“有规律发展”的思想，他对爱·迈尔的例子[①]——德国发展成为一个统一的国家在我们看来是“历史的必然性”，而统一的时间和采取有 25 个成员的联邦制国家的形式相反则依赖于“历史上起作用的因素的个性”——提出反驳说：“难道就不可能出现其他情况吗？”这个批判毫无疑问是适用

① 《历史学刊》，1899 年第 81 期第 238 页。

于爱·迈尔的。不过，我们很容易看到，这个批评——无论人们怎样判断受到冯·贝洛指摘的爱·迈尔的论述——所表明的，无论如何太多了，因而什么也说明不了。因为，我们大家，自然也包括冯·贝洛和爱·迈尔，毫无顾虑地使用"按规律发展"这个概念，那么同样的反驳显然也可用上了。例如，人是从胎儿发育而来的或将从胎儿发育而来，这在我们看来实际上是按规律的发展，然而毫无疑义，由于外在的"偶然因素"或"病理学的"先天因素，胎儿也可能"产生其他的结果。"在反对"发展"理论家的争论中所涉及的问题显然只是正确地理解和界定"发展"概念的逻辑意义——不言而喻，这个概念不会听凭上述论点而被简单地取消。对此爱·迈尔自己就是最好的例子。在两页之后(第 27 页)他又按照在他那个收回的"导论"中提出的模式，作了一个把"中世纪"这个概念称作为"固定的"(?)概念的注释，在行文中他说道："必然的"一词在历史学中只是意味着(从既有的条件产生一种历史结果的)"概率"达到了相当高的程度，例如全部的发展都涌向一个结果。不过他大概不愿意在他有关德国统一的评论之外再多说什么。如果他在那里强调，尽管有这种种情况，那个结果也可能不出现，那么我们就会记起，他甚至在谈及天文学计算时也强调，这种计算可能会受到偏离轨道的天体的"干扰"。从这个方面来考察，不同于个别自然事件的差别事实上是不存在的，甚至在自然解释的范围之内也是如此——为了不至于离题太远，这里不予详论[①]——只要关系到具体的结果，必然性的判断就决不是因果关系的范畴借以表现的

① 参见我的《罗雪尔和克尼斯》第二部分的有关论断。

唯一形式，甚至不是仅有的主要形式。我们可以很有把握地假定，爱·迈尔通过与J.韦尔豪森(J. Wellhausen)的讨论而达至对“发展”概念的不相信。这个讨论的基本(不是唯一)的内容是这样的对立:是把犹太民族的“发展”解释为本质上“源于自身”的发展(“进化论的”)，还是解释为通过某种来自“外面”的具体历史遭际的发展，特别是解释为遭受到波斯国王出于政治上的。(也就是说存在于波斯的政治、而非存在于犹太民族的特性之中的)理由而强加的“法律”规定的发展(“外力论的”)。无论如何，它对《导论》里的说法并没有作任何改进，因为在第46页“普遍”被说成是“在本质上(?)否定的前提，或者更明确地说，起限制”作用的“前提”，它划定了“历史形态的无限可能性都存在于其中”的“界限”，而哪种可能性会成为“现实”[①]这个问题则取决于“历史生活中大量的(?)个别因素”。因此，显而易见，“普遍”，亦即不是那种时常与“一般”混淆而滥用的“普遍状况”，而是规则，也就是说一个抽象概念重新被假定为在历史背后起作用的力量，而这无视了如下的基本事实，——爱·迈尔曾在别处清楚明白地强调过——实在只由具体的和个别的事物构成。

那种关于“普遍”和“特殊”关系的有疑问的说法决不仅仅为爱·迈尔所特有，决不是只限于带有他的戳记的历史学家。相反，它构成了流行的、但恰巧为许多“现代”历史学家——而不为爱·迈

① 这个说法使我们想起在俄国社会学派(米哈依洛夫斯基〔Michailowski〕，卡列耶夫〔Karjejew〕等等)内流行的某种思路，基斯嘉科夫斯基(Kistiakowskis)在他论述“俄国社会学派和社会科学课题中的可能性范畴”的论文集《唯心主义问题》(诺夫哥罗基耶夫〔Nowgorodijew〕编，莫斯科，1902)中讨论了这种思路。我们回头还要提到此著。

尔——所分有的观念的基础;这种观念认为,为了将历史学的事业合理地建设成为关于“个人的科学”,首先必须说明人类各种发展之间的“符合一致”,在这以后,“特殊性和不可分离性”将成为“剩余物”——或如布雷西希(Breysig)曾经说过的——成为多余的“最精致的花朵”。相对于认为历史学的职责在于成为一门“系统科学”的朴素的观念而论,这种见解自然已经表明一种更加接近于历史学实践的“进步”。然而,它自身在另一方面又过于天真了。通过排除“俾斯麦”与他人的共同点,然后保留其特殊点的办法来理解他在历史上的意义,这种做法使新手可以作一种很有教益和兴味的尝试。有人可能会——当然(就如在逻辑讨论中每次所做的那样)材料的理想的完全性是已假定了的——保留比如作为“最精致的花朵”之一的他的“拇指印”,即那种由刑警技术所发现的识别人物特征的最为特殊的标志,它的遗失对历史学来说可能是完全无法补偿的。如果这个观点遭到如下的严厉驳斥:“毫无疑问”只有“精神的”和“心理的”品质和过程才能作为“历史的东西”来考虑,那么,他的日常生活,如果我们知之“颇详”的话,就会给我们提供无数的生活方式,它们在这样的结合和这样的情形下绝对不可能发生在其他人身上,它们所引起的兴趣也不会超过他的拇指印所引起的兴趣。如果人们因而提出进一步的反驳说:对科学来说,“不言而喻的”却是唯有在俾斯麦生活中有历史“意义的”因素才被考虑,那么逻辑对此的答复是,正是那种“不言而喻”包含着至关重要的问题,因为科学正要质问:有历史“意义的”因素的逻辑标志是什么?

这种排除法——假定了材料的绝对完全性——即使在最远的

将来也不能达到目的，在消去了整整一个无限的普遍性之后，还仍然保留着包含种种成分的更进一步的无限性，甚至在对各种成分辛勤地作了永恒的排除之后，人们仍未比以前更接近这个问题：在这些成分中究竟什么是历史中的"本质的"东西。这就是在作了排除的尝试之后所顿悟到的一种洞见。而另一种洞见是，那种排除法已经假定了对于现象因果过程的完全的明察，因为没有哪一门现实的科学能够仅仅作为理想的目标来追求。事实上，历史领域的每一种"比较"都首先假定：人们已经凭借文化"意义"的关联进行了某种选择，这种选择在排除了"所与材料"一般的和"个别的"因素的完全无限性的同时，积极地规定了因果归源的目的和方向。于是，"相似"事件间的比较被思考为这种归源的手段之一，在我看来，它确实是极其重要的手段，但尚未得到充分的运用。后面我们将要讨论它有何种逻辑意义。

如我们正在讨论的第 48 页下面的评论所表明的那样，爱德华·迈尔也并不犯有这种错误：个别本身已经是历史学的对象，而且他就一般对历史学的意义所作的评论，即"规则"和概念仅仅是历史研究的"手段"和"前提"（第 29 页中间），就如我们将要看到的那样，在逻辑上基本是正确的。只有他上面受到批判的表达如我们所评论的那样，在逻辑上是令人可疑的，并且反映了一种与我们刚才讨论的错误相同的趋向。

尽管作了如此种种的批判，专业历史学家仍然保持有这样的印象。在爱·迈尔受到批判的论述中包含着众所周知的"真理"内核。对于那类谈论他们自己工作方法的历史学家来说，这在事实上几乎是不言而喻的。他确实好几次差不多接近了包含在他论述之中的关于真理因素的逻辑上准确的说法。譬如在第27页上面，他认为“发展阶段”是用作“主导线索”而能够有助于“弄清和整理事实”的“概念”，特别是在其他的许多地方，他运用了“可能性”范畴。然而逻辑的问题只是在这里才出现，它必须研究历史事件的划分究竟是如何凭借发展概念而实现的？“可能性范畴”的逻辑意义和它用于建立历史联系的方法是什么？因为爱·迈尔忽略了这一点，所以就现象的“规则”在历史学研究中所起的那种作用而论，他虽然“感觉”到了正确的东西，但他——在我看来——并没能够适当地论述它。这个任务将由这组研究的专门部分（Ⅱ）来承担。这里在对爱·迈尔的方法论的观点作了必然是基本否定的评论之后，我们首先来讨论他在论文的第二（第35—54页）和第三（第54—56页）部分就什么是历史学“对象”这个问题所作的解释——刚才的论述就已经接触到了这个问题。

爱·迈尔也可以这样来表述这个问题：我们了解的事件的哪一些是“历史性的”？他首先以极为一般的形式回答说：“那些产生结果和已经发生的东西是历史性的。”这也就是说，在具体个别的联系中具有因果重要性的东西是“历史性的”。我们撇开所有与此相关的其他问题，以便首先指明：爱·迈尔在第37页已经又放弃了他在第36页才提出的概念。

对他来说很清楚的是——如他自己所说——即使只限于产生结果的事物，“个别事件的数目依然是无限的”。他正确地问道：“支配每一个历史学家的选择”究竟取决于什么？他答道：“取决于历史性的兴趣”。但是，在作了一些我们后面将加以考虑的解释之后，他指出：这种历史性的兴趣没有什么“绝对的规范”，他用这样一种方法向我们解释这个命题。那种方法如我们所说的那样重新提出了他自己的将“历史性的东西”只限于“产生结果的东西”的限制。李凯尔特举例解释说：“……弗里德里希·威廉四世拒受德国王冠是一件‘历史性的’事件，但是至于哪一个裁缝给他制作服装则完全是无关紧要的。”对此爱·迈尔评论说(第 37 页下面)：“当然对于政治史来说，所谈到裁缝通常是完全无关紧要的，但是我们很可以设想，尽管如此，我们在涉及例如时装史、裁缝行业史或价值史等等时会对他产生历史的兴趣。”这诚然是正确的——然而他在作更切近的考虑时几乎没有注意到：我们在前一情况的“兴趣”与后一情况的“兴趣”中间包含着逻辑结构上的重大区别，谁不重视这一点，谁就有把两种既根本不同而又时常被扯在一起的范畴即“实在基础”和“知识基础”相互混淆起来的危险。因为裁缝的例子不是毫无歧义的，我们暂且用另外一个例子来弄清这个区别，而它将特别清楚地表明那种混淆。

K. 布雷西希在他的题为《在特林基特人和伊罗克人那里……国家的产生》(Entstehung des Staates... bei Tlinkit und Irokesen)[①]的论文中试图表明：发生在这两个部落中的某些他解释为“国家产生于家族规则”的事件，具有“类的代表的重要性”——换言之，它们表现为国家形成的“典型的”形式——因而如他所说，就获得了“有效性”，甚至获得了“世界历史的意义”。

现在的情况显然是——当然假定布雷西希提供的事实是正确

① 《施莫勒年鉴》1904，第 483 页及下页。我自然决不讨论这篇论文的实用价值，相反这里就如所有类似的例举说明的情形一样，假定了布雷西希所有论断的正确性。

的——这类印第安"国家"出现的事实和它们产生的形式对于一般历史发展的因果联系，只有异乎寻常微小的"意义"。这个世界后来的政治和文化形态形成的重大事实没有任何一种受到它们的影响，亦即追溯到它们作为自身的"原因"。那种国家出现的形式乃至它们存在的本身对于今日美国的政治和文化状况的形成是毫无关系的，这也就是说，两者之间并不存在着可以证明的因果联系，而例如地米斯托克利（Themistokles）[①]的某些决定的后果则在今天依然明显可见，——这大概会令人沮丧地妨碍我们建立一种真正给人深刻印象的统一的"发展史的"历史学。与此相反——如果布雷西希是正确的话——那么按照他的观点，由他的分析获得的关于那类国家形成过程的认识对于我们认识一般国家产生的形式，的确具有划时代的意义。如果布雷西希把那种过程当作"类型"的观点是正确的并且增加了"新的"知识的话——那么我们就能够构成这样一些概念，即使它们对国家学说的概念形成的认识价值全部忽略不计，也至少能够在其他历史事件的因果解释中用作诠释的手段。换言之，作为历史的现实因素，那种过程毫无意义，而作为可能的认识因素，他的分析（按布雷西希的说法）具有非同一般的丰富意义。相反，有关地米斯托克利那些决定的认识，比如对于"心理学"和任何其他概念形式的科学都毫无意义：我们毋需任何"规律科学"的帮助就可以理解，处在那种局势中的政治家能够作出这样的决定，而我们对这一点的理解虽然是认识具体因果联系的前提，但并不意谓着我们的类概念知识有任何的增加。

① 地米斯托克利，约公元前 524—前 460 年，雅典海上强权的缔造者。——译注

让我们试从“自然”领域举一个例子：伦琴(Röntgen)发现在他屏蔽板上发光的那些具体的 x 射线产生了某些具体的影响，这些影响根据能量守恒定律必定现在仍在宇宙系统的某个地方继续起着作用。但是，伦琴实验室里的那些个别射线的“意义”不在于它们作为宇宙中现实原则的特点。相反，那个过程——与所有“实验”一样——是当作现象的某些“规律”的认识基础而被考虑的。[①]这自然恰恰就是爱·迈尔在对这里受到批评的文字所作的脚注(第 37 页注 2)中提出的那些事例的情况。他在那里提到，“我们偶然(在碑刻铭文和证件中)了解到的无足轻重的人物之所以引起了历史学的兴趣，是因为我们通过他们认识过去的情况”。当——如果我的记忆没有弄错的话——布雷西希(我一时找不到原出处)再度认为，只要提示一下某些从“陶器碎片”以及类似东西出发而作的研究已经取得了它的最重要的成果，他便能够取消历史题材

① 这不是说，那些个别的伦琴射线不能充当“历史的”事件：在物理学史中。后者除了别的事情之外还将可能涉及那个时候在伦琴的实验中哪些“偶然的”周围条件引起了这类情况，它们促使射线发光，并且如我们就要承认的——以因果关系的形式导致了相关“规律”的发现。这些射线的逻辑地位是怎样通过这里的行文而被完全更动了，这一点是清楚的。这种更动之所以可能是因为在这里这些射线在一种与“评价”(“科学的进步”)相关的联系中扮演了角色，人们或许会认为，这种逻辑的区别仅仅是直接转入“精神科学”实际领域的结果时，这些射线在宇宙里的作用则未在考虑之内。倘若那些射线对其具有因果“意义”的某种已受到“评价”的具体对象，仅从它那一方面向我们“意味”着某种东西，亦即已得到了“评价”，那么至于它是否具有“物理的”性质或“心理的”性制则是无关紧要的。一旦我们假定了指向这种认识的事实上的可能性，这些具体射线在宇宙里的具体的(物理学的，化学的等等)作用就能够(在理论上)成为“历史的事件”，但这只是发生在这样的时候，当——这无疑是很难构想的——从它们开始的因果过程最终导致某一具体的结果，这个结果应该是“历史学的个体”，也就是说它因为自身的个别的特性而被我们“评价”为是具有“普遍”意义的。只是因为这种联系是很不清楚的，所以即使我们把它建立了起来，上述的尝试也会是毫无意义的。

的选择指向"有意义的东西"、个别的"重要事件"这个事实时，同样的混淆显然依旧存在着。类似的论证在今天是相当"流行的"，它们与弗里德里希·威廉四世的那件"衣服"和爱·迈尔提及的碑刻铭文上"无足轻重的人物"的密切关系，也是显而易见的。但是，同时这就是这里还要再予讨论的那种混淆。因为一如我们已说过的，布雷西希的"陶器碎片"和爱·迈尔的"无足轻重的人物"仍然未被——与伦琴实验室里具体的 x 射线一样——列为历史联系中的因果环节，而它们的某些特点则是认识某些历史事实的手段，这些事实反过来按情况的不同对于"概念的构成"又可以有其重要性，也就是说它们又成为认识某些艺术"时代"的类"特征"的手段，或者成为对具体的历史联系进行因果解释的认识手段。对文化实在[①]的既定事实的逻辑运用产生了如下的对立：1. 一方面，在把"个别的事实"以例举说明的方式用作抽象概念的"类型"代表、也就是作为认识的手段的情况下，概念的构成，2. 除了其他方面以外，在把概念构成的产物一方面用作启发手段，另一方面用作表达手段的情况下，把"个别事实"插入一种现实的、亦即具体的联系中作为一个环节，也就是说作为"现实的原因"——这组对立包含着文德尔班称作"以建立规律为目标的"和李凯尔特称作"自然科学的"过程（根据 1）与"历史的文化科学"的逻辑目的（根据 2）之间的那种对立。它同时还包含着唯一正确的意义，在这种意义上人们把历史命名为实在的科学。因为它——单是这个措辞也能够说明

① 这里作者在第一版的页边写道：突发的想法！补充；一件事实在它被当作类概念的样板而予考虑时，它便是认识的手段。但并不是每一种认识手段都是类样板。（玛丽安妮·韦伯注）

这一点——把实在的各不相同的个别成分不是仅仅看作为认识的手段,而是从根本上看作认识的对象,把具体的因果关系不是看作认识的原因,而是看作实在的原因。此外,我们还会看到,认为历史只是对已存在的实在的"描写"或"事实"的简单复述这种流行却又天真的观念在实际上是如何的不对头。[①]

受到爱·迈尔批判的李凯尔特的"裁缝"与陶器碎片和由碑刻铭文保存的"无足轻重的人物"处在同样的地位。某个裁缝给国王缝制了某套服装这个事实,甚至对于"式样"和"服装行业"发展的文化史的因果联系可能也只具毫不足道的因果意义,——只有在由于这具体的缝制而产生了历史结果的时候,也就是说在这些裁缝的个性和他们企业的命运按照无论何种历史观点都对式样或行业状况的改变具有因果意义,并且这种历史地位恰恰也就取决于那套衣服的缝制的时候,这种事实才不再如此的无足轻重。——相反,作为确定式样等等的认识手段,弗里德里希·威廉四世那套服装的款式和这套服装来自某个(例如,柏林的)工厂这件事实,确定可以获得与任何能为我们一般用作了解那个时代式样的材料同样的意义。但是国王的服装就在这种情况下被认为是作为认识手段而建立起来的类概念的样板,——与它们相比,拒绝王冠的行动则相反被看作历史联系中的具体环节,某些现实的变化系列之中的现实的结果和原因。这些是逻辑上的根本区别,并将永远如此保持下去。无论这两种根本不同的历史观点在文化研究的实践中

① 但是,"实在科学"这个说法在这里所用的意义上与历史学的逻辑本质是完全相符的。那种包含把这个说法按流行的观点解释为纯粹无前提的"复述"的误解,已由李凯尔特和齐美尔(Simmel)作过充分的论述了。

如何繁复地交结在一起——这是一定会发生的，并且是令人最感兴趣的方法论问题的源泉——，谁不懂得小心地将它们区别开来，谁就不会理解“历史”的逻辑本质。

爱德华·迈尔就这两种有逻辑区别的“历史重要性”范畴之间的关系表述了两种相互之间不协调的观点。一方面如我们所见，他混淆了对产生历史作用的东西，即历史因果联系中的现实环节（拒绝王冠）的“历史兴趣”和那种作为认识手段而对历史学家具有重要性的事实（弗里德里希·威廉四世的服装、碑刻铭文等等）。但在另一方面——从现在起我们将谈论这一点——他加剧了“产生历史作用的东西”与我们实际或可能了解的所有其他对象之间的对立，以致主张限制历史学家的科学“兴趣”。对于这个主张可能会在他自己那部伟大著作中得到实现，他所有的同道必定会表示深深的遗憾。他还说道（第 48 页下面）：“我长期以来认为，对于历史学家无可避免的选择来说，特性（亦即特定的单一性质，它将一种制度或一种个性与所有类似的东西区别开来）是决定性的。这也是不可否认的情况。但是只有在我们仅仅凭借分明的特性而能够把握……文化特征的范围内，它才受到历史学的青睐。这样，它在历史学中始终只是一种手段，而这种手段才使历史的作用力性质为我们……所理解。”我们上面所有的论述表明，这一点是完全正确的，从中推出的如下结论也是同样正确的：关于个别事物和个别人物在历史上“意义”的问题的流行说法失之偏颇；“个别人物”决不是以他的整体，而只是以他在因果关系中意义重大的表现“进入”由历史学构造起来的历史联系之中；一个作为因果关系因素的具体个别人物的历史意义与他依照他的“自我价值”而具有的一般“人”的意义之间毫无关系；甚至恰恰一个身处要位的个别人物的“缺陷”可能具有因果关系方面的意义。所有这些命题都是完全正确的。尽管如此，依然需要回答下面这个问题：断言分析文化内容的目的——从历史学的立场出发——只是使相关的文化事件在它们的作用力中得以理解，是否正确，或我们现在更乐意说，在什么意义上是正确的。这个问题有何种逻辑影响，在我们研究了爱·迈尔从自己论据中推演出来的结论之后立刻就会一清二楚。他首先（第48页）从中得出结论说：“存在状况本身决不是历史学的对象，只有在它们产生历史作用的范围内才成为这种对象。”在历史的（同样包括文学史和艺术史的）描述中“全面地”分析一件艺术作品，一部文学著作、国家法的制定、社会道德等等是完全不可能的和不适宜的，因为如果这样做的话，那些“没有产生历史结果”的因素也必定要接纳进来。——而另一方面，历史学家必须在他的著作中包括“一个体系”（例如国家法）中的许多“极其次要的细节”，这是因为它们具有因果意义。因此他特别地从上述的历史选择原则中推出这样的结论（第55页）：传记是一门“语文”学科而非历史学科。原因何在？“它的对象是处于自身全体之中的个别人物，而不是作为在历史上起作用的因素的个别人物，——他是历史上起作用的因素这一情况在这里仅仅是为他作传的前提条件和根据。”（第56页）只要传记还是传记而不是其主人公那个时代的历史，它就不能完成描述历史事件这个历史学的任务。人们对此问道：为什么那些个别人物有这种特殊的地位？诸如马拉松战役或波斯战争一类的“事件”在历史叙述中一般是一个“整体”，亦即它是按照荷马吟咏的形式而与所有英勇的典型一起描写出来的吗？

然而很显然，即使在这里那也仅限于历史因果联系中决定性的事件和条件。自从英雄神话和历史学分道扬镳以来，这至少在逻辑原则上是如此。那么现在“传记”的情况怎么样呢？无论如何，直接地断定“主人公的外在和内在生活……所有细节”就是传记，却犯了明显的错误（或者是语言上的夸张）。爱·迈尔或许记得的歌德的“语文学”大概颇能唤起这样的印象。这里仅仅涉及收集材料的问题，它旨在于搜集一切对于歌德的历史可能具有某种意义的东西，无论它是作为因果系列的直接组成因素——也就是说作为历史上有关的事实——还是作为认识有关历史“事实”的工具，亦即作为“源泉”。但是在一部科学的歌德传记中显然只有这些具有“意义的”事实才属于描述的成分。

当然，我们在这里遇到了这个词的逻辑意义的两重性，这需要分析，而分析如将要看到的那样适宜于弄清爱·迈尔一些观点的“正确内核”，但同时也适宜弄清他关于“历史上起作用的东西”乃为历史学对象的理论阐述中的不足之处。

为了说明科学地思考文化生活的事实所依据的种种逻辑上各不相同的历史学观点，我们试举歌德致冯·施泰因(v. Stein)夫人的信件的例子。对于他们来说——为了先弄清这一点——这个作为可感觉到的“事实”而存在的物体，即书写过的纸无论如何不是作为“历史性的”而被考虑的，相反，它自然无非只是认识另一件“事实”的手段：歌德在这些信函中吐露了特别的感受，他把它们写了下来，寄送给冯·施泰因夫人，并且收到了她的复信，复信的大概意思可以从得到正确解释的歌德信件的内容中推断出来。这种或许能凭借“科学的”工具通过对这些信件“意思”的“解释”而揭示的“事实”，实际上就是我们在那些“信件”中所理解的内容。它首先(1)能这样直接地被列入历史的因果联系之中：例如与前所未闻的强烈爱情结合在一起的那些年月的禁欲在歌德的发展中不言而喻地留下了深重的痕迹，它即使当歌德在南方的天空下[①]发生转变时也未曾消失。从歌德的文学“人物”中去探索这种影响，从他的创作中去寻找这种痕迹，在可能的范围内通过表明它们与那些年月的事件的联系而从因果关系方面对它们进行“解释”，这一切毫无疑义都属于文学史的任务。这些信件所证明的事实在这里是“历史性的”事实，这就是说，它如我们所见的那样是因果链条上的实在环节。但是，现在我们要假定——这自然与这个或后面提出的其他假设的可能性绝对无关——下面的论断能以某种方式得到积极的证明：那些经历对歌德个人的发展和文学的发展毫无影响，而这个意思就是说，歌德生活中引起我们兴趣的方面绝对没有受到它们的影响。然而，尽管如此，(2)这种经历能够作为认识手段而引起我们的兴趣：它们首先能够表现出某种有歌德历史特色——如人们通常所说——的“特点”。而这也就意味着，我们也许能够——是否果真如此，并非这里所要讨论的问题——从它们那里洞察到那样一种类型的生活方式和生活态度，这种生活方式和生活态度一直或在一个相当长的时期内为他所具有，而且确实影响了他那些引起我们历史兴趣的个人生活方式和文学活动。作为实在环节而列入他生活的因果联系之中的“历史性的”事实因而便是那种“生活观”——由遗传得来的和通过教育、环境和生活际

① 即意大利。——译注

遇获得的歌德的各种个人品质以及由(或许)他有意识地获取的“生活准则”构成的各类观念的集合,他按照这种生活准则生活,而后者制约了他的行为和创作。与冯·施泰因夫人交往的经历虽然在这种情况下——因为那种“生活观”是在个别的生活事件中“表现”出来的集合概念——是历史“事实”的组成成分,但对于我们的兴趣来说,它——在前面提出的假定下——显然根本不是作为这种因素,而是作为那种生活观的“标志”,亦即作为认识手段而被考虑的。它与认识对象的逻辑关系因此而产生了变化。——让我们来进一步假设:情况并非如此。那些经历并没有包含任何同时代其他人所没有而为歌德独具的特色,而完全只是与那个时代德国某些社会圈子生活方式的“类型”相适应的事件。因而它也不会就有关歌德的历史认识对我们说出什么新东西来,但是它(3)或许作为“那种类型”易于运用的“范例”,亦即作为认识那些圈子的精神习惯所“独具的”特点的手段而引起我们的兴趣。于是,当时那些圈子这种“类型的”习惯的特点和作为它的表现形式而与其他时代、其他民族和其他社会阶层的生活方法不同的那种生活方式的特点,也将是“历史性的”事实,这种事实作为现实的原因和结果而被列入文化史的因果联系之中,并且一定会在考虑到它与意大利式情人的区别的情况下,依据“德国的社会道德史”而给以历史的因果解释,或在这种民族差异被排除的范围内,依据那个时代的一般社会道德而给以因果解释。——现在我们进一步假定,这些信件的内容甚至无法用于这个目的,而相反我们会看到,同样形式的——在一些“基本的”方面——现象常常在某些文化条件下发生,这也就是说在那些经历中显示出来的决不是德国的或18世纪的文明特点，而是在某些可以用概念准确地表述的条件下为所有文化共有的现象。——因此，(4)对于这些因素来说，诸如"文化心理学"或"社会心理学"的任务就是凭借分析、孤立的抽象和一般化来确定这些因素赖以经常产生的条件，解释这种有规则的次序的基础，阐明这样获得的作为发生学类概念的"规则"。歌德经历中这种完全一般的、与他个人独具的特点毫不相干的因素仅是作为获得这些类概念的手段才引起我们的兴趣。——最后(5)这些经历完全不包括任何居民阶层或任何文明时代的特征这一点，必定被看作是先天地可能的。可是，即使在缺乏一切引起"文化科学"兴趣的机会的情况下，我们也可以想象——是否果真如此，在这里仍旧是无关紧要的——一位对性爱心理学感兴趣的精神病医生或许按照各种"有用的"观点，将它们当作某些禁欲"错乱"的"理想类型的"例子而予以详尽的讨论，比如卢梭的《忏悔录》必然引起神经病学家的兴趣就与此相仿佛。这里自然也必须考虑下面这种可能性：人们既可以考虑利用这些信件的不同内容达到所有各种不同的——当然，这些多种多样的"可能性"是绝对不会穷尽的——科学认识的目的，也可考虑利用相同的因素达到不同的认识目的。①

如果我们从尾到头来回顾一下先前的分析，那么到现在为止我们就会看到，那些致冯·施泰因夫人的信件，亦即从其中推断出来的有关歌德的表现和经历的内容，以下面的方式获得了"意义"：(a)在最后两种情况(4、5)中，作为类的样板，因而作为认识他的一

① 不言而喻这并不能证明，用于严格区别这些甚至可能存在于同一个科学描述之中的——不同观点的逻辑是错误的。这也是许多对李凯尔特的错误反驳的前提。

般本质的手段(第4、5)——(b)作为集合概念的"独特的"成分,因此作为认识他个人的特点的手段(第2、3)[①]——(c)作为历史联系的因果成分(第1)。在a(第4、5)所列的情况中,只有当借助个别的样板而获得的类概念在某些条件下——这在后面讨论——能够对检验历史的证明具有重要性的时候,相对于历史学而言的"意义"才会存在。另一方面,当爱·迈尔将"历史的东西"的范围局限于"产生作用的东西"——也就是局限于前面所列第1点(等于c)——时,这仍然不可能就意味着:历史学没有顾及第二类"有意义"的事例,也就是说,那些自身并非历史因果系列成分,而只是对揭示列入这种因果系列之中的事实有帮助的事实,——比如歌德书信的这样一些因素,它们也许"阐明"了对歌德的那些于他自己的文学创作至关重要的"独特之点",或者"阐明"了18世纪社会文化中相对于社会道德发展而言的重要内容,这就是说它们使我们认识到这些特点或基本方面,——可以被历史——如果不是(如在第2点)被"歌德的历史",那么(如在第3点)就是被18世纪的"道德史"——完全忽略。爱·迈尔自己的著作必定也不断地使用这类认识手段。这句话的意思只是说,在这种著作中"认识手段"与"历史因果联系的成分"完全是两码事。——但是,即使"传记"和"古代文化研究"也不在别的意义上使用这类"独特的"细节。显

① 有关这个特殊情况的详细讨论我们将在第二部分里进行。因而我们在这里有意不确定它在多大程度上被看作是某种逻辑上特殊的东西。我们这里能够较为肯定地指出的只是,它当然决没有模糊对"事实"的历史学运用和旨在建立规律的运用之间的区别。因为无论如何,具体的事实不是在这里所理解的意义上,即作为具体的因果系列的环节而"历史地"被运用的。

然，对于爱·迈尔来说，这里并不横亘着什么绊脚石。

但是现在我们遇到了一种比所有分析过的那些形式的意义远为重大的意义。歌德的那些经历——为了用同一个例子——不仅作为某种“原因”和“认识手段”对于我们“有意义”，而且——至于我们是否从其中获知了有关歌德的生活方式，18世纪的文化，文化事件的“典型”过程等某种新鲜而非原来已知的内容，则完全是无关紧要的，它们是否对他的发展产生了任何因果影响也同样是至关紧要的——带有歌德“独具的”特点的这些信件的内容也是我们评价的对象，它本来就是如此，更不必顾及任何存在于其外而不包括在其中的“意义”。即使其作者为人们一无所知，这些书信也会成为这样的对象，这里首先使我感兴趣的是两点：第一，这种“评价”与对象的特点、无可比拟性、唯一性、文学上的不可替代性等相联系的情形，第二，对于具有他个人特点的对象的这种评价，提供了为什么这个对象会成为我们反思和理智——我们有意地避免说，“科学的”——探讨的课题的根据，也就是说成为解释的课题的根据。这种解释，或如我们愿意说的“诠释”，可能选取两种实际上几乎总是混淆而逻辑上截然有别的方向。它首先能够成为和将会成为“价值解释”，就是说，它能够教导我们如何“理解”那些书信的“精神”内容，对我们“感到”模糊和不确定的地方进行发挥并使它们进入清楚“评价”的光明之中。为了这个目的，它决不被迫去发表“价值判断”或“促使”这种判断产生出来。它在分析过程中实际所“促使产生”的反而是对象的种种价值关联的可能性。说得远一点，被评价的对象在我们之中唤起的“态度”自然不必全都是积极的：就一般的“理解”来说，对于歌德与冯·施泰因夫人的关系，比如现代一般的对性一窍不通的人大约就与天主教的道德家一样，采取一种基本否定的态度。如果我们依次把马克思的《资本论》，或《浮士德》，或西斯廷教堂天顶画，或卢梭的《忏悔录》，或圣德莱莎[①]的体验，或罗兰夫人[②]，或托尔斯泰，或拉伯雷[③]，或玛丽·贝什基特舍夫[④]，或耶稣在山上对门徒的圣训作为对象来考虑，那么就会面临无限多样的“评价”态度。如果对这些极为不同的对象的“解释”被认为是“值得的”并已在着手进行，——这是为了我们的目的而在这里做的假设——那么它们只是共同具有下面那种形式的特征：它们的意义在于向我们揭示可能的“评价”“立场”和“评价”“入手点”。只是在——比如马克思《资本论》的思想内容——规范（在前面的例子里，思想内容的规范）被考虑在内的地方，解释才能够强令某种评价成为我们在科学上唯一允许的评价。但是，即使在这里，关于对象的客观有效的“评价”（在上面这个例子里，也就是马克思的思想形式的逻辑“正确性”）也并不必然包含在“解释”的目的之中，这样的评价在不涉及“规范”而只涉及“文化价值”的情形下则完全是超出解释范围的任务。人们能够与逻辑和事实毫不相悖地——这里重要的仅是此点——把古代诗与艺术文化的所有产品和耶稣在山上对门徒圣训的宗教气氛当作本身“无效的”而予排斥，一如排斥那种一方面是灼热的激情，另一方面是禁欲与

① St. Tcresa von Avila，1515—1582 年，罗马天主教神秘主义者。——译注

② Roland de La Platiere，1734—1793 年，法国大革命时期政治家，吉伦特派的领导者。——译注

③ François Rabelais，1483—1553 年，法国作家。——译注

④ Marie Bashkirtseff 1859—1884 年，俄国日记作者和画家。——译注

所有那些在我们看来乃激情生活最精美花朵的混合物——如我们所举的例子，即致冯·施泰因夫人书信所包含的那种混合物。但是，这种“解释”对于解释者来说也并不因此“是”无价值的，因为尽管如此，甚至正因为如此，它的确能在下面的意义上为他提供“认识”：它如我们通常所说的那样，拓展了他自己的内在“生活”，他的“精神的视野”，使他能够理解和领略这种生活样式的可能性和精妙之处，从理智方面、美学方面、伦理方面（在最一般的意义上）各有特色地发展他自己，在某种程度上可以说，这种解释使他的“心灵”“对价值更加敏感”。对精神的、美学的和伦理的创造所作的解释在这里所起的作用和后者是相同的，主和“历史学”在某种意义上是一门“艺术”的观点在这里所具有的“正确内核”并不少于把“精神科学”标记为“主观化的”断言。然而，我们在这里也就到达了所谓“对于经验事物的思想研究”的最边缘，它不再与逻辑意义上的“历史研究”有关了。

极为清楚的是，爱德华·迈尔（第 54 页）所谓对“过去的语文学思考”指的是这样一种解释，它以“历史学”对象实质上不受时代限制的性质，即价值有效性为出发点并教导人们如何“理解”它们。他关于科学活动的定义（第 55 页）表明了这一点。按照他的观点，这类科学活动“把历史的产物置于今天之中并因而参照现状来研究它们”，它把对象“不是当作生成的和在历史上产生作用的，而是当作存在着的”，因而在与历史相对照的情况下从“各方面”来研究它们。它的目的在于“详尽地解释个别的创造”，首先是文学和艺术的创造，但是如爱·迈尔所明确补充的，也包括国家和宗教制度的创造，“以及最终作为统一体而联结在一起的一个时代的全部文化”的创造。当然，这种“解释”不是专业语言学意义上的“语文学”。关于一部文学作品的语言“含义”的解释，关于它的“精神内容”、它在这个词指向于评价意义上的“含义”的解释，实际上经常能够以很充分的理由致力于共同目标。然而它们仍然是逻辑上根本不同的两种过程。其中之一，语言“解释”——不是按照价值及其所要求的心灵劳作的强度，而是按其事实的逻辑真相——是科学上对“原始资料”的各种不同处理和运用的准备工作，从历史学的角度来看，它是验证“事实”的技术手段：它是历史学（以及许多其他学科）的操作工具。无论如何，“价值分析”——我们将特地以这种方式来称呼上面最后所描述的过程[①]——意义上的“解释”与历史学的关系并非如此。因为这种解释的方向既不在于弄清历史联系中的有重要的“因果”意义的事实，也不在于对可用于构成类概念的“类型”成分进行抽象，因为正与这些相反，它“出于自身的缘故”来思考它的对象，这也就是说——为了保留爱·迈尔的例子——比如使作为整体的希腊全盛时代的“全部文化”在与它的价值关联中为人理解，所以它也就不从属于任何其他已经讨论过的、与历史有着直接或间接关系的认识范畴。但是这种解释根本不能作为历史学的“辅助科学”来考虑——如爱·迈尔在第 54 页下面谈及他的“语文学”时所说的——；因为它从完全不同于历史学的观点来处理它的对象。如果只是以如下的方式来寻找两种思考方法的对立：一种（价值分析）从“静止的状态”方面来考虑对象，另一

① 实质上是为了将这种“解释”与那种单纯语言解释区别开来。这种区别实际上不是有规则地发生的，这一点并不妨碍逻辑的区别。

种(历史学)把对象作为"发展"来考虑,一种是现象的横截面,另一种是现象的纵剖面,那么这当然只有微不足道的意义。即使历史学家,例如爱·迈尔在他的著作中为了编织他的构想,也必须从某种他"静态地"描述的"既定的"起点出发,并将在叙述的过程中一再把"发展"的"结果"概述为横截面上的"状态"。例如,为了一方面有助于说明雅典公民大会原因—历史的条件,另一方面有助于说明它对雅典的政治"状况"的影响,人们描述了它在某一时点上的社会构成,这个工作即使在爱·迈尔看来也确实是一个"历史性的"成就。相反,爱·迈尔所考虑的区别却在于,那种"语文学的"("价值分析的")研究虽然可以而且的确经常考虑与"历史"相关的事实,但与此同时也考虑可能与历史学所处理的完全不同的事实。这也就是说价值分析所考虑的事实(1)既非历史因果链条本身的环节,(2)也不能用作为认识第一类事实的手段。总而言之,这种事实与"历史的东西"之间的关系是我们到目前为止尚未考虑过的。但是它们是否还有别的什么关系呢?或者说,这种"价值分析"的探讨是否与任何一种历史认识都毫无关系呢?——为了使我们的讨论取得进展,让我们再度回到致冯·施泰因夫人信函的例子上来,并且把卡尔·马克思的《资本论》作为第二个例子。显然,两者都不仅能够成为我们这里尚未谈到的"语言"解释的对象,而且也能成为"价值分析式"解释的对象,后一种解释能使我们"理解"它们的价值关联,它比如以人们"解释"《浮士德》的方法来分析和"从心理学上"来解释致冯·施泰因夫人的信函——根据《浮士德》的思想内容考察马克思的《资本论》,在它与其他论述同一问题的思想体系的思想——而非历史的——关系中来阐述它。"价值分析”考察其对象的目的，按照爱·迈尔的术语，首先，是为了“现在的情况”，更正确地来说也就是，它的出发点是它作为独立于任何纯粹历史—因果意义的价值特点，在这个范围内也就是相对于我们而言处在历史事件之外的“价值”的特点。但它是否依然还局限于此呢？当然不，对书信的解释与对《资本论》或对《浮士德》或对俄瑞斯忒斯[①]，或对西斯廷教堂天顶画的解释都同样不会局限于此。相反，这种解释为了达到它自己的目的必然会注意到，那种理想的价值对象是受到历史制约的；在诸如歌德这些信函写就时期的社会“环境”和相当具体的事件这类一般的条件尚未被了解时，在马克思撰写他的著作以及他作为思想家而发展的那个时代既定的“历史状况”尚未经探讨时，思想和感觉的无数细微之处和无数变化依然是“不可理解的”。相反，这种“解释”为了使自己成功就需要对那批书信出现的种种条件作历史的考察，这些条件包括纯粹歌德个人—“家庭的”文化生活中和最宽泛意义上的当时整个“环境”的文化生活中最细微的以及最广泛的关系，它们对于那些信件的特点是有因果意义的——按爱·迈尔的说法：“有作用的”。因为关于所有这些因果条件的认识向我们说明了那些书信所由以产生的心灵状况，并且那些书信本身也因此才为我们现实

① Oresties，即 Orestes，古希腊神话人物，阿伽门农和其妻克台泰澳斯特拉的儿子。——译注

地“理解”[①]，所以另一方面确实无疑的是，与其他地方一样，这里所以有这样的因果“阐释”只是出于它自己的缘故，并且依据丁策尔(Düntzer)[②]的方式只把握了部分的材料。不言而喻，我们已经唤作“价值分析”的那类“解释”是其他历史“解释”，亦即因果“解

① 福斯勒(Vossler)写得既精彩又刻意片面的著作《作为创造和发展的语言》(海德堡，1905年，第84页及其下页)在分析拉·封丹的寓言时，为这个说法作了证明，尽管此举并非其所愿。在他(与B. 克罗齐一样，两人的观点相当接近)看来，美学“解释的唯一”正当的任务是在于表明文学的创作是一种合适的“表达”以及它在多大的程度是一种合适的“表达”。然而他自己也不得不参考拉·封丹相当具体的心理特点(第93页)以求庇护，在此之外，还求助于“环境”和“种族”(第94页)。我们不清楚的是，为什么这种因果归源，即这种的确经常利用一般化概念(后面讨论这个问题)对既已生成的存在所作的探讨，恰恰到这个存在在他那极其吸引人的和有效益的草图中出现的那一点上就停止了，为什么为了“解释”的目的而扩大因果归源一定会变得“毫无价值”。福斯勒说，他只承认“材料”“时间”和“空间”的限制，而美学的唯一本质的“形式”是“心灵的自由创造”，当他一再想借此来消除那些让步时，我们必须记住，他在这里拾取了类似于克罗齐的术语，“自由”在这里等同于“遵从规则”，“形式”是克罗齐意义上的正确表述，并且这样就与美学价值相一致了。但是，这种术语有导致“存在”和“规范”相互混淆的危险。——福斯勒令人兴奋的著作的巨大优点在于，针对主张完全按发音拼字的人和语言实证论者，他一再突出强调(1)除了语言生理学、语言心理学、“历史的”和“语音规则”的研究之外，还存在着对于文学创作的“价值”和“规范”进行解释的完全自主的科学任务；(2)进而言之，对于这些“价值”和规范的切身理解和“体验”，甚至是对精神创造的过程和局限性作因果解释所必不可少的前提，因为文学作品的创作者或语言措辞的创造者有过这样的亲身“体验”。不过应当注意，在后一种情况中，价值和规范是因果认识的手段，而不是价值准则，它们在逻辑上不是作为规范，相反是在纯粹的事实性中作为“心理”现象的“可能的”经验内容而起作用的，因而，“在原则上”与瘫痪病人的妄想并无二致。我认为，福斯勒和克罗齐的术语一再趋向于从逻辑上混淆“评价”和“阐释”，倾向于否定后者的自主性，这样便减弱论证的说服力。那些纯粹经验研究的任务本身与福斯勒唤作“美学”的任务同时存在着，虽然前者在事实上和逻辑上是完全自主的：今天人们把这因果分析唤作“大众心理学”或一般地唤作“心理学”，这是崇尚时髦术语的结果，但这丝毫也不会改变这种分析事实上的合法性。

② Johann Heinrich Joseph Duntzer，1813—1901年，德国语言学家，文学史家。——译注

释”的路标。前一种分析揭示对象中“值得评价的”成分，关于这些成分的因果“阐释”是后者的问题。前者创立了因果追溯据以逐渐展开的联接点，并且因此给因果追溯的进程提供了决定性的“观点”，若无这些观点，因果追溯就必定会驶入茫茫大海而没有罗盘。现在，每个人都能够——许多人都将——出于自身的理由而拒绝如下的要求：历史研究的所有部门都应投入对“爱情书信”系列的历史“阐明”，而无论它们是多么的宵小。的确如此——但是，不管看起来是多么的不尊重，这对于卡尔·马克思的《资本论》以及所有历史研究的对象也同样有效。关于马克思用何种材料写就他的著作的认识，关于马克思思想的形成过程是如何受到历史条件制约的认识，以及关于当代政治力量形势和德国国家制度以自己特点发展的任何历史认识，可能在无论某个人看来都是一种完全枯燥无味的东西，或者至少是一种极其次要的东西，或者因其自身的缘故是一种无意义的东西。不过，无论逻辑还是科学经验都不能“拒绝”这种认识，就如爱德华·迈尔虽然僵硬但仍明确地承认的那样。

对于我们的目的来说，在价值分析的逻辑本质上多逗留一会儿是值得的。人们十分严肃地理解或“拒绝”由李凯尔特清楚地发展了的关于“历史的个体”构成以“价值关联”为先决条件的思想，他们所援引的或所凭借的根据是，这种“价值关联”与归属在诸如“国家”、“宗教”、“艺术”等等一般概念[①]之下是一致的，而类似的

① H. 施梅伊德勒(B·Schmeidler)在奥斯瓦尔德的《自然哲学史》第3卷，第24页及其后页中的观点。

概念的确是有关的"价值",历史学将它的对象与价值相联系并且借此而获得特殊的"观点"的事实,与——这是已补充说过的——对自然科学领域内的事件从"化学"、"物理学"等方面进行分别处理的事实也是一致的。① 这是对价值关联所包含的和唯一能够包含的意义的奇怪误解。关于具体对象的实际"价值判断"或从理论上建立这个对象的可能的价值关联并不意谓:我把同一个对象归于诸如"爱情书信"、"政治形态"、"经济现象"等等一些类概念之下。相反,"价值判断"是说,我以某种具体的方式对具有它自己具体特点的对象"取一种态度",我这种态度的主观源泉,我决定这种态度的"价值观点"的主观源泉,确确实实不是"概念",也全然不是"抽象的概念",而是完全具体的、高度个别化地形成和构造起来的"情感"和"愿望",或者可能是关于某种仍旧具体地形成的"应当"的意识。于是,现在当我从对对象作具体评价的状态转入以理论解释的方式思考可能的价值关联的状态时,换言之,当我从对象那里构成"历史个体"时,这就意味着,我凭借解释使自己和他人意识到一种具体的、个别的,因而最终是唯一的形式,在这种形式下,"理念"——用一次形而上学的术语——在相关的政治形态(例如"弗里德里希大帝的国家"),相关的人物(例如歌德和俾斯麦),相关的文字作品(马克思的《资本论》)里面"实现"自身或"发挥作用"。或者换一种排除了终究可疑并属多余的形而上学表达方式

① 令我吃惊的是,这竟然是弗兰茨·奥伊伦贝格(Franz Eulenberg)在《社会科学文献》中的观点(第21卷,第519页,以下与这里特别相关的是第525页)。他与李凯尔特"和他的观点"(?)的辩论在我看来之所以可能,只是因为他恰恰把现在逻辑分析的对象,即"历史"排除在考虑的范围之外。

的说法，我以一种明确的形式建立了可能的“价值判断”态度的出发点，这种态度揭示了实在的相关部分，出于这个缘故它要求或多或少的普遍“意义”——这与因果“意义”截然有别。马克思的《资本论》作为“文字产品”也具有这样的性质：它是印刷油墨和纸张的结合，每星期一次出现在旧货商的货单上——不过，使它成为相对于我们而言的“历史个体”的则不是因为它属于那类“文字产品”，而相反是因为“我们”发现在《资本论》里面所“写下的”绝对唯一的“精神内容”。同样，黄昏在小酒馆喝酒的庸人与其同道就印成的和写就的文字、声音、练习场上的体育运动、王公贵族和外交官头脑中聪明或愚蠢的思想等等所作的政治闲谈，也具有“政治”事件的性质，而所有这些“我们”都将之归结为“德意志帝国”独特的思想形态，因为“我们”把某种对于我们完全唯一的、与无数“价值判断”（不仅仅是“政治的”）相联系的历史兴趣转向这种思想形态。认为通过类概念可以表达这种“意义”——与可能的价值关联有关的对象的内容，比如《浮士德》的内容，或者换一种说法，我们对于历史个体兴趣的“内容”——显然是一个悖谬。以我们兴趣可能触及之点为依据的意义内容的不可穷尽性，是“最高”层次的历史个体的特征。我们对历史价值关联的一些“重要”趋向进行分类以及这种分类作为基础而有助于文化科学的分工，这个事实当然并不影响[①]下面的事实：关于“一般（＝普遍的）意义”的“价值”是“一

① 如果我研究“基督教”的、或者比如普罗旺斯骑士的具体“形成”这一事件出现的社会和经济的决定因素，那么我并不因此而使后者成为出于它们经济意义的缘故而被“评价”的现象。出于分工的技术考虑而为个别的研究者和个别传统上有区别的“学科”用于划定“自己领域”的方法，在这里并没有什么逻辑意义。

般”(＝类的)概念的想法，与如下的想法，即人们能够在一个句子中表达“真理”，或在一个行动中完成“道德行为”，或在一件艺术作品中体现“美的实质”，是同样地令人奇怪的。——我们还是回到爱·迈尔和他处理历史“意义”问题的尝试上来。前面的思考的确离开了方法论的领域而徜徉在历史哲学的领域。对于严格地立足于方法论基础的研究来说，实在的某些个别的成分作为历史研究的对象而被选择出来这一事实情况，最终只有通过指明事实上存在着相应的兴趣才能得到证明。“价值关联”对于这类不追究那种兴趣意义的研究来说实际上确实并无更多的意思。这样，爱·迈尔对此也就满足于说(第 38 页)——正当地从这个立场出发——这种兴趣存在的事实对于历史学来说已经足矣，而不论人们会如何轻视这种兴趣。但是，他论述中的一些模糊和矛盾也足以清楚地表明历史哲学匮乏的后果。

爱·迈尔说(第 37 页)，(历史)“选择依赖于当代对发展的任何一种结果和成就所具有的历史的兴趣，因此它感觉到了去探索导致这种兴趣的种种诱因的要求。”他在后面(第 45 页)这样来解释这一点：历史学家“从其自身来处理他就材料所提出的问题，”然后这个问题给他提供了“他用来安排事件的主导思想”。这与前面所说的完全符合，此外也同时是前面受到批判的爱·迈尔关于“从结果上溯原因”的命题唯一可能正确的意义。他认为，这里的问题与历史学所持有的运用因果性概念的方式无关，而是涉及如下的情况：“具有历史意义的”只是“这样一种原因”，它们必定会被从“有价值的”文化成分出发的追溯看作它自身必不可少的组成部分：因而这里所涉及的正是人们用一种完全误解了的措词来表达的内容:“目的论依赖”原则。但是现在我们可以问道:这种追溯的出发点是否必定总是当代的因素,而人们可以依照上面对爱·迈尔的引证把这一点看作他的观点?事实上爱·迈尔对此并没有十分确定的立场。他未能清楚地说明他究竟如何理解他的“历史上产生作用的东西”,前面所说的已表明了这一点。因为——就如别人对他就此所作的批评所说的那样——如果只有那些“产生结果”的东西才属于历史学,那么对于任何一种历史描述,例如对于他的《古代史》来说,基本的问题必定是:哪个最终结果和这个最终结果的哪些成分作为这样描述的历史发展所导致的结果而应当被看作是基础。而且还应当确定,一件对于那个最终结果的任何成分都没有可证明的因果意义的事实,是否必须当作历史上非本质的东西而被剔除出去。爱·迈尔的许多论述给人这样一个印象,仿佛当代客观的“文化状况”——如我们要简单地说明的那样——在这里应当裁决:只有那些其结果直到今天依然对我们当代的政治、经济、社会、宗教、伦理、科学状况或者我们文化生活的任何其他成分具有因果意义的事实,那些我们在当代直接地看到其“结果”的事实(参见第 37 页上面)才属于“古代史”,而一种事实对于古代文化独具的特点是否具有极为根本的意义,则完全是无关紧要的(参见第 48 页下面)。如果爱·迈尔要把这个想法付之实现的话,如果许多人将不能在他的著作中找到他们正好期待于古代史的内容,那么他的著作就会极度地贫乏——比如考虑到他论埃及的这一卷。但是,他开着(第 37 页上面)另外一个出口:“我们设想它”——亦即历史上“产生作用的东西”——“的任何因素都是当代的,这样我们便能够甚至在过去之中来经验它。”根据这个观点,任何一种文化的成分必然都能依随便怎样选取的立场而被“设想”为在古代史中“产生作用的”，——但是因此这也就恰恰取消了爱·迈尔力求建立的界限。尽管如此还产生了下面的问题：比如《古代史》把哪些“因素”看作是衡量对于历史学家乃属本质的东西的尺度？按照爱·迈尔的思考方式，答案必定是古代历史的“终点”，亦即在我们看来合适的“最终点”的截面，比如罗慕洛(Romulus)皇帝的统治时期，或查世丁尼(Justinian)的统治时期，或——也许更好一些——戴克里先(Diokletian)的统治时期。在这种情况下，所有为这个终结时期、这个古代的“老年”所特有的东西无论如何都首先毫无疑问地作为它的终结而属于全部的描述，因为恰是这种特征构成了历史阐释的对象，进而言之，首先是所有那些属于这个“老化”过程的因果方面的基本内容(“产生作用的”)的事实构成了历史阐释的对象。——与此同时，例如在描述古希腊文化时，所有在那个时候(比如在罗幕洛皇帝或戴克里先的时期)不再有“文化”结果的东西都应予剔除，而这些在当时文学、哲学和一般文化状态中构成了使“古代史”对我们具有一般“价值”的因素的相当大的部分，并且也构成了我们幸运地发现未被爱·迈尔自己著作所忽略的成分的相当大一部分。

一部古代史，如果只包括那些对任何后续时期产生因果作用的内容，——尤其在人们把政治的关系看作历史的根本支柱的时候——就会和一部为了有惠于其模仿者而“剥夺”(兰克的说法)其本人的歌德的“历史”，亦即只说明他个性和生活现象中哪些在“文学”里依然起“作用的”因素的歌德“历史”一样，显得空洞无物：科学的“传记”在这种情况下与另有界定的历史对象并无原则的差别。爱·迈尔的命题是不可能在他的阐述中实现的。——或者这里是否也存在着避免他的理论与他自己的实践之间的矛盾的出路？我们听到爱·迈尔说，历史学“从自身之中”构造出问题，而且他补充这一注释说：“历史学家的现在是一个无法从历史描述中分离出来的时刻。”当一个现代的历史学家自己并且也使他的读者对一件具有独特性质和如此而非彼形成的事实感兴趣时，那么这个事实的那种给它打上“历史的”标志的“作用力”是否已经存在？——显然，事实上在爱·迈尔的论述（第36页，以及第37页和第45页）中，两种不同的“历史事实”概念纠缠到了一起，其中之一是这样一种实在成分，人们可以说，它们之所受到“评价”是出于自身的缘故，是因为它们有作为我们“兴趣”对象的独特性质，其中之二所指的乃是这样一些实在成分，它们是我们理解受到历史条件制约的实在的那些得到“评价”的成分的要求恰巧发现的，在因果的追溯中被看作“原因”，在爱·迈尔看来是在历史中“产生作用的”。人们可以称前一类实在成分为历史的个体，称后一类实在成分为历史的（实在）原因，并且像李凯尔特一样把它们区别为“第一性的”历史事实和“第二性的”历史事实。确实，只有在已经明确地规定了因果解释应当只限于那些历史个体的时候，我们才有可能把历史的描述严格地局限于历史的“原因”、李凯尔特的“第二性的事实”、爱·迈尔的“产生作用的”事实。然而，无论这种第一性的对象是如何地包罗万象——比如我们认为，它包括全部“现代的文明”，亦即从欧洲扩展开来而处于现代状态之中的我们基督教的—资本主义的—法治国家的“文明”，也就是说一大堆混乱得令人惊奇的“文化价值”，而后者可以从种种极为不同的观点来考虑，——

对它进行历史“解释”的因果追溯在回溯到中世纪或甚至古代时，必定仍然要把相当多数的对象，至少其中的一部分作为在因果关系上无多大意义的成分而剔除出去。这些对象可能“出于它们自身的缘故”而引起我们进行“价值判断”的高度兴趣，也就是说能由于它们自身的那一方面成为“解释的”因果追溯据以出发的“历史个体”。这里确实应该承认，这种“历史兴趣”由于缺乏对于当代世界文明史的因果意义，所以特别地微不足道。印加和阿兹台文明发展遗留下来的与历史有关的痕迹是——相对而言！——极不起眼的，因而爱·迈尔意义上的当代世界文明发生史或许可以对此不置一词而无所失。如果情况是这样的话——我们姑且这样承认——那么我们就它们的文化发展所了解的知识首先既不是被看作“历史的对象”，也不是被看作“历史的原因”，而从本质上被看作构成文化理论概念的“认识手段”；比如，从肯定的方面来说作为封建主义概念构成的认识手段，这是它的一个非常特殊的事例，从否定的方面来说，它有助于把一些我们用于研究欧洲文明历史的概念与那些异质的文明内容划分开来，并因而凭借比较的方法从发生学的角度来确切地把握欧洲文明发展的历史特点。同样的考虑当然也完全适合于古代文明的那样一些成分，它们必定会被爱·迈尔——如果他前后一致的话——当作在历史上“不产生作用的”因素而从一部以现代文明状况为取向的古代史中抹去。——然而在涉及印加和阿兹台的例子时，尽管所有这些既非逻辑的亦非事实的方法被排除了，有一点依然是不言而喻的：它们某些独具特点的文化内容成了历史的“个体”，也就是说首先依照它们的“价值”关联而得到“解释性的”分析，然后也可能成为“历史”研究的对象，这样，因果追溯现在就深入到它们文明发展的事实，这些事实在与那些对象的关系中成为“历史的原因”。如果谁编撰了一部“古代史”，并认为它只包括对我们今天的文明产生因果“作用的”事实，因为它只是处理那些或者作为得到评价的“历史个体”而表现出“第一性”意义的事实，或者作为在因果上（与这些或那些“个体”相关）的、作为原因而表现出“第二性”意义的事实，那么这完全是无谓的自我欺骗。是我们指向“价值”的兴趣，而不是我们的文明与古希腊文明之间的实际上的因果关系，将规定曾支配着古希腊文明史的文化价值的范围。我们多半——完全“主观的”评价——认为是古希腊文明鼎盛时期的那个时代，也就是埃斯库罗斯（Aeschylos）至亚里士多德的时期与为其“独具的特点”的文明内容一起，受到了每一部“古代史”的注意，同样也受到了爱・迈尔的《古代史》的注意。倘若万一某个后来的时期几乎不可能与那个时代的文明创造取得直接的“价值关联”，就如几乎不可能与以艺术典型，概念构成的手段或“原因”唤起我们兴趣的非洲内陆民族的“歌唱”和“世界观”取得直接的“价值关联”一样，这种情况才会发生变化。换言之，我们现代人与古代文明内容的个别“实现”有着某种价值关联，而这是爱・迈尔的作为“历史性的事件”而“产生作用”的概念唯一可能被赋予的意义。爱・迈尔阐释了历史学对文明发达民族显示特殊兴趣的动机。这已经表明，在另一方面，爱・迈尔自己的“产生作用”的概念如何在相当大的程度上是由不同的成分构成的。他说道（第 47 页）：“这取决于这样一个事实：这些民族和文明是在一个无限地更高的程度上产生作用的”并且仍然影响到“现在”。毫无疑问，这是对的，但它决不是决定我们对它们作为历史对象的意义表示“兴趣”的唯一根据，尤其从中并不能推断出如爱·迈尔(同上)所说的结论：“它们(历史上文明发达的民族)站得愈高，那种兴趣就变得愈强烈。”因为这里所涉及的文明的“自身价值”问题与它历史上“作用力”的问题并无关系：爱·迈尔在这里恰好混淆了“有价值的”和“因果上重要的”。每一种“历史”都是从当代价值兴趣着眼写成的，每一个当代都对历史材料提出或仍能提出新问题，因为正是受到价值观念指导的每一个当代兴趣处在变化之中。无论这个命题是如何无条件地正确，有一点却是确定无疑的，即这种兴趣所“评价”的和使之成为历史“个体”的确实是“过去的”文明成分，也就是当代的文明成分无法通过因果追溯把它们看作原因的这样一些因素。小的对象如致冯·施泰因夫人书信，大的对象如一直影响到当代文明生长的古希腊文明的成分，莫不如此。我们看到，爱·迈尔甚至已经通过他假定的可能性而不作任何结论地承认这一点，即过去的时刻按照他的说法能被“假想”为是现在的(第 37 页上面)，——然而根据第 55 页的注释，这只是“语文学”可以做的事情。这样他在事实上承认了，即使“过去的”文明成分也是历史性的对象而不必顾及是否有明显可感的“结果”的存在，比如在“古代史”中它们甚至成为决定事实选择和历史研究方向的古代“独特的”价值。——然而还不止于此。

如果爱·迈尔把人们尚未知道和不可能知道当代的哪些成分会在将来表明自身是“产生作用的”这个论点，用作当代不成为“历史学”对象的根据，那么这种当代(主观的)非历史性的命题至少在一定程度内是正确的。唯有将来才能最终地判定当代的事实作为“原因”的因果意义。然而即使当人们像我们这里所能理解的那样撇开这些外在的因素，如缺乏文献来源等等，这也不是这个问题的唯一的方面。直接现实的当代不仅尚未成为历史的“原因”，而且同样也未成为历史的“个体”，就如一个“体验”当它“在我之中”和“在我周围”实现的那一刻时不是经验“知识”的对象一样。所有历史的“价值判断”可以说都包含有“观照的”因素。它所包含的不仅是并且首先不是“采取态度的”主体的直接的价值判断，相反如我们所见那样，它的基本内容是关于可能的“价值关联”的“知识”，它因而假定了至少从理论方面相对于对象变换“立场”的能力。我们通常这样来表达上面的情况：在体验“成为历史学”的对象之前，我们首先“必须客观地”对待它，——但是这并不意谓它是在因果方面“产生作用的”。——但是，我们这里不想进一步详细讨论“体验”和“认识”之间的关系。前面繁复的阐述不仅非常清楚地说明了，爱·迈尔把“历史的事件”的概念看作“产生作用的事件”的概念是不恰当的，而且还清楚地说明了，这个概念为什么是不恰当的，这对于我们已是足够的了。它首先未从逻辑上区别“第一性的”历史对象和“第二性的”历史对象，前者是对于它们的形成做因果“阐释”的兴趣所依据的那种“有价值的”文化个体，后者在因果归源中被看作那种“个体”的“有价值”的独特性质的原因。这种归源抱有一个根本的目的，这就是使自身像经验真理那样具有任何一般经验知识都具有的无条件的“客观”有效性。唯有充足的材料才能决定这个单纯事实的而非逻辑的问题：这种归源是否可以达到与在解释具体事件的领域内所要达到的目的完全相同的目的。不是在有既定的阐释“对象”的情况下对历史“原因”所做的规定，而是对历史“对象”、对“个体”自身的界定，才在某种这里不拟再作讨论的意义上是“主观的”，因为，在这里价值关联决定了价值观念要经受历史的变迁。因而如果爱·迈尔(第45页，中间)认为我们“决不”能达到有关历史事件的“绝对的和无条件有效的”认识，那么这在某一方面是不对的：这不适用于“原因”，——但是，当他随后就说，自然科学认识的有效性的情形与历史认识有效性的情形并无不同，那么这同样是不正确的：它不适用于历史的“个体”，亦即“价值”在历史中扮演角色的样式，它也不适用于这些价值的模式(无论人们如何设想那些“价值”本身的“有效性”，它依然是某种与作为经验真理的因果关系有效性相反的东西，尽管哲学或许一定会认为，在终极判断面前两者都受规范的约束)。因为我们据以思考文化对象以及文化对象据以成为我们历史研究的一般“对象”的、指向“价值”的“观点”是可以变化的。因为并且只要这些观点是可以变化的——在这里的逻辑讨论中，我们设定了完全不变动的“原始资料”——新的“事实”在历史中就会不断地变得“十分重要”，而且会不断地以新的样式变得“十分重要”。但是，这种“主观价值”的制约性无论如何是与以力学为其典范的自然科学大相径庭的，而正好构成了历史学和自然科学的特殊对照。

综上所述：关于对象的“解释”在其通常的意义上是例如关于语言意义的“语文学的”解释，在这个范围内，它是“历史学”技术上的准备工作。在它“以解释的方式”分析某些“文化时代”，某些人物或某些个别对象(艺术作品，文学对象)特点的独特之处时，它有助于历史概念的形成。而且从逻辑上来考虑，它或者起辅助的作用，因为它有助于认识具体历史联系本身的有重要因果意义的成分；它或者相反起引导和指示的作用，因为它依据可能的价值关联

"解释"对象——《浮士德》、俄瑞斯忒斯，某一时代的基督教等等——的内容，这样它便给历史学的因果研究提出了"任务"，因此也就成为这种研究的"前提"。一个具体的民族和时代的"文明"概念，"基督教"的概念，《浮士德》的概念，而且——人们常常易于忽略的——比如"德国"的概念等等，都是作为历史研究对象而构成的个别的价值概念，亦即通过与价值观念的关联而形成的概念。

顺便指出，如果我们使我们借以接近事实的这些价值判断本身成为分析的对象，那么——按照认识的目的——我们就进入了历史哲学或"历史兴趣"的心理学。如果我们相反以"价值分析"的方法来处理具体对象，亦即按照对象的独特之点进行"解释"，这样，关于对象的可能的价值判断受到了我们"内心的强烈影响"，对于他人的文化创造的"神入"——人们习惯于这样(当然极不正确地)称呼——变成了目的，因此这——爱·迈尔论述中的"合理的"内核即在于此——仍然不是"历史的"研究，然而，对于有关一个对象的历史"兴趣"，对于对象最初在概念中形成为"个体"，以及对于因此才有意义的历史学的可能的因果研究，它完全是必不可少的形成形式的形式(forma formans)。在许许多多的事例中，得自于教育的日常价值判断已经构造了对象，并为历史研究铺平了它的道路，——这种情况在所有的"历史"写作之前就在政治共同体，尤其在自己的国家发生了。因此历史学家在碰到这些确实的、似乎——不过自然只是在表面上和对于惯常的"家用"而言——不再需要任何特别的价值解释的对象时，可以认为正处于他"本来的"领域之中。一旦他离开宽广的大道而想要获致对于一个国家或一名政治天才独具的政治"特点"的新洞见，那么根据逻辑的原理，他在这里也要以《浮士德》解释者所用的方法行事。然而，爱·迈尔下面的观点当然是正确的：在分析还停留在"解释"对象"自身价值"的地方，因果归源工作就得暂付阙如，而且也不能向对象提出这样的问题：在考虑到其他更广泛和更现代的文化对象的情况下，它有何种因果"意义"，——在这里，历史研究尚未展开，历史学家所看到的只能是历史问题的原材料。只有爱·迈尔为自己的观点提供理由的根据才在我看来是站不住脚的。因为爱·迈尔特别把对于材料的"静止的"、"系统的"处理看作是历史学的基本对立面的时候，并且因为甚至比如李凯尔特——因为他早先把"系统的"看作是与"历史的文化科学"相对立的"自然科学"的特殊之处，即使在"社会的"和"精神的"生活的领域内也是如此——新近也提出"系统的文化科学"的概念，所以现在的任务是进一步在另外的章节中提出下列问题：所有的"系统"究竟能够意味着什么？它的不同样式与历史研究和"自然科学"有哪些不同的关系？[①] 爱·迈尔唤作"语文学方法"的那种处理古代文明尤其古希腊文明的方式，亦即古代文明研究的形式，事实上确实是首先通过从语言上掌握材料的前提而得到实现的。但是，它不仅受到这个前提的制约，而且受到某些杰出研究者独具的特点的制约，尤其是受到古希腊和古罗马鼎盛时代的文化迄今对我们自己的精神教育仍然具有的意义的制约。让我们试着以彻底的因而纯粹理论的表达来阐述对待古代文明种种原则上可能的观点。(1)一种观点应该是古代文明价值绝对有效的观念。它在人文主义，比如温克尔曼（Winckel-

① 因此我们甚至已着手讨论"科学""分类"的各种可能的原则。

man)的人文主义中的明显表现,以及归根结底在所有各种所谓的“古典主义”中的明显表现,这里不予考察。按照这种观点,如果我们追究到其最终的结论,那么古代文明——在无论我们文明中的基督教因素还是理性主义的产物都无法给以“补充”和“改造”的范围内——至少是文明本身的潜在的成分,这不是因为它们已经产生了爱·迈尔意义上的“因果方面的”作用,而是因为它们由于自身价值的绝对有效性一定会以因果关系的方式影响到我们的教育。因此,为了教育自己的民族成为文明高度发达的民族,古代文明首先是按照所用的学术方式(in usum scholarum)解释的对象。语文学在它是关于“被认识的对象的知识”这个最广泛的意义上,认识了古代某种超历史和超时间有效的东西。(2)另一种现代的观点恰与第一种观点相反。具有真正的独特之处的古代对于我们是如此无限地遥远,以致试图从“过多的材料”中洞见其真正的“本质”是完全无意义的:它对于少数人来说是晦暗的价值判断对象,这些人埋头于钻研处在永恒消失中的、无法在任何本质方面再度重现的人类的最高形式,但他们希望多少能从中得到些“艺术享受”。[①] 最后(3)古代文明研究的方式迎合了科学的兴趣指向,古代的原始宝藏首先给这种兴趣指向呈现了非同寻常丰富的民族志学的资料,这些资料有助于获得我们自己文明和“每一种”文明史前社会的一般概念、类推和发展规则。人们可以考虑一下比较宗教研究的发展,它今天的发展若不借助严格的语文学训练而充分

① 这大概是维拉莫维奇(V. V. Welamowitz)的“深奥”学说,爱·迈尔的抨击的确首先是针对他的。

利用古希腊罗马文明，则是不可能的。在这里，古希腊罗马的文明之受到注意只是在于它们的文明内容适合于作为构成一般“类型”的认识工具，而与第一种观点相反，不是在于适宜作为持久有效的文明规范，也与第二种观点相反，不是在于适宜作为个别的和内心观照的价值判断的绝对唯一的对象。

人们很快就看到，所有这三种“在理论上”阐述出来的观点，出于它们探讨古代历史的目的，兴趣所在是“古代文明研究”的形式。人们也同样毋需注解而可看到，在每一种观点那里，历史学家的兴趣事实上都未穷尽，因为所有这三种观点都有某种不同于“历史”的东西为原初的目的。然而另一方面，如果爱·迈尔要认真地从当代的立场出发去剔除古代史中不再产生历史“作用的成分”，那么在那些从古代文明之中所要寻求的不止历史“原因”的人看来，他理所当然地会受到他的反对者的批评。他那伟大著作的所有爱好者都愉快地发现，他并没能够把这些思想完全付诸实践，他们希望他将不会为了一种错误地阐述出来的理论而从事即使仅仅如此的尝试。[①]

---

① 前面讨论的广度与实际上从中能够就“方法论”产生什么样的结果这个问题，显然是毫无关系的。对于那些据此理由认为这些讨论是无所裨益的人，我们只提出如下建议，把有关认识“意义”问题简单地搁置不顾，而只需满足于通过具体的研究获得有价值的认识。不是提出那些问题的历史学家，而是提出相反主张的那些人，现在仍在下面的命题上变化不定：“科学认识”是与“发现规律”一致的。这正是认识的“意义”问题。

二、历史因果研究中的客观可能性和适当的起因

爱德华·迈尔说(第 16 页):“第二次布匿战争的爆发是汉尼拔意志决定的结果,七年战争的爆发是弗里德里希大王意志决定的结果,1866 年战争的爆发是俾斯麦意志决定的结果。他们也都可能做出其他的决定,其他人物或许……做出别的决定。其结果是,历史的进程或许会另由他途。”他在脚注二补充说道:“这样说的意思既不是主张也不是否定,在后一种情况下这些战争不会发生,这是一个完全无法回答因而多余的问题。”除了第二句话与他先前关于历史中的“自由”和“必然”的关系所作的阐述之间的尴尬关系之外,这里首先要对我们不能回答或不能确切回答的问题因此是一个“多余的”问题这一观点提出诘难。如果那些经验科学不能给出答案的最高问题从未被提出来过,那么经验科学的情况也会不妙。我们这里所涉及的不是这类“最终的”问题,而不过是一个一方面“事过境迁”,另一方面按照我们实际的和可能的知识事实上不能肯定地和明确地回答的问题,从严格的“决定论”观点来看,这个问题不过是解释某种依照“决定因素”乃为“不可能”的东西的后果。然而,尽管如此,如果比如俾斯麦没有作出进行战争的决定,什么**可能**会发生这样一个问题完全不是“多余的”。因为它的确关系到决定实在的历史形成的因素,亦即关系到在无限丰富的“因素”——它们都恰恰如此而非如彼安排因而恰恰从中产生出**这个**结果——的总体之中,究竟哪些因果**意义**应当归于这种个别

的决定,它因此在历史的阐述中有什么样的位置。如果历史学自命高于单纯关于引人注意的事件和人物的编年史的水平,那么它的确除了提出这类问题之外别无其他出路。只要它是科学,它就还要如此办理。爱·迈尔先前曾反复论述过,历史学从"形成过程"的角度来考虑重大的事件,因而它的对象并不从属于为"已经生成的事物"所独有的"必然性"的范围。这个说法的正确之处在于,历史学家在评价一个具体事件因果意义时的行为,类似于历史上有态度有主见的人的行为,在自己的行动显得是"必然的"而不是"可能的"时候,就绝不会"行动"。[①] 差别仅仅在于:在他"合理地"行动的范围内——我们这里这样假定——,行动着的人权衡外在于他们、按照他们的知识现实地给定的、他所感兴趣的未来发展的种种"条件",他在思想上把他自己行为的各种"可能的方式"和它们在与"外在"条件的联系中可预期的结果安排进因果联接里面,目的在于按照这样(思想上)弄清的可能的结果选择这种或那种行为方式,作为符合他的目的的行动方式。历史学家现在优越于他主人翁的地方首先在于,无论如何,他事后知道,按照行动者的知识和他怀有的期望而对既有的、"外在地"存在的条件的估价是否事实上符合当时的实际情况:这一点也为行动者实际上的成功所表明。而且鉴于有关那些条件的最充分的知识,只是在涉及阐明逻辑问题的地方,我们才应当才需要把它在理论上一次性地设定起来——它实际上很少或从未被达到过——历史学家能够在

---

① 与基斯嘉科夫斯基(参见本书第 77 页注 1)同上书(见德文原著第 230 页注释 2。参见本书第 86 页注 1)第 393 页的批评相反,这个命题依然是对的,基斯嘉科夫斯基的批评完全不适用于"可能性"这个概念。

自己的回顾中提出与他的"主人翁"或多或少清楚地提出或"可能提出"的同样考虑，因而他能够利用比俾斯麦本人更有利的机会提出问题：假如考虑另一种决定，可以"预期"何种结果。很清楚，这种考虑远非"多余的"。爱·迈尔自己（第43页）把这种处理方法运用于直接引起柏林五月巷战爆发的那两枪。谁射出这两枪的问题，他认为，是"在历史上无关紧要的"。为什么它比讨论汉尼拔的决定，弗里德希大王的决定，俾斯麦的决定更无足轻重呢？"事已至此，无论哪一种偶然事件都必定会致使冲突爆发"（！）。人们看到，在这里爱·迈尔自己回答了所谓"多余的"问题：若无那两枪"会"发生什么，这两枪的历史"意义"（在这个事例中，它们的无关紧要）也由此而得以裁定。至于汉尼拔、弗里德里希大帝、俾斯麦的决定，显然相反，至少按照爱·迈尔的观点，"情况"另有"表现"，也就是说情况不是这样：即使所作决定不同，冲突从根本上或在规定其进程和结局的当时的具体政治形势下也会爆发。因为否则这类决定就会在历史上与那两枪一样毫无意义。如果一个单个的历史事实被认为是一个历史条件的总体所缺乏的或在其中已有变动，那么它将会规定一个在某些有历史重要性的关系中经受了变动的历史事件的过程。这个判断看起来正好对于规定上述事实的"历史意义"具有最大的价值，即使历史学家在实践中只是例外地，亦即在这种"历史意义"有争论的情况下，才会觉得有必要着意明确地推出和论证上述判断。不言而喻，这种状况必定会促使人们考虑这类判断——它们说明，在一个条件整体中如果缺乏或更动一种单个的因果因素"可以"预期何种结果——的逻辑本质，并促使人们考虑这些判断对于历史学的意义。我们将试图进一步澄清这个问题。

历史逻辑[①]的情况糟糕到了什么地步，人们一看下面的事实就明白了：既非历史学家亦非历史学的方法论学家，而是相隔较远的学科的代表对这个重要问题作出了权威性的研究。

这里所涉及的所谓"客观可能性"的理论依赖于杰出的心理学家冯·克里斯(v. Kries)[②]的著作，这个概念的日常用法首先是依赖于法学领域追随冯·克里斯的或批判他的那些著作家的著作，其次是依赖于犯罪对策学家的著作，尤其是门克尔(Menkel)、吕默林(Rümelin)、李普曼(Liepman)和最近的拉德布鲁赫(Radbruch)的著作。[③] 迄今为止，冯·克里斯的丰富思想只在统计学

① 后面讨论的范畴，正如可以清楚地见到的那样，不仅在通常所谓"历史"的专门学科领域有其运用，而且在每一个个别事件中，甚至在"无生命自然"的个别事件的"历史"归源中得到运用。"历史的"范畴在这里是一个逻辑的概念，而非专业技术的概念。

② 《论客观可能性的概念及其某些运用》，莱比锡，1888 年。这个讨论的重要开端是冯·克里斯首先在他的《概率统计原理》中建立的。这里应当立即注意到：按照历史"对象"的性质，唯有冯·克里斯理论中最最基本的成分才对历史学方法论有意义。接受严格意义上的所谓"概率统计"的原理，不仅显然不为历史学的因果研究所考虑，而且试图运用与它类似的方法本来也就需要十分的谨慎。

③ 迄今为止，对冯·克里斯的理论用于法学问题的最切中肯綮的批判是由拉德布鲁赫做出的(《适当起因论》，《冯·李斯特〔v. Liszt〕讲座论文集》)第一卷，续集，第三分册，1902 年，——有关这个讲座的最重要的文献)，只是在这个理论以尽可能简单的(因而如我们所见只是预备的而非确定的)形式阐述出来之后，他对"适当起因"概念原则上的剖析才能够受到注意。

方面被吸收进社会科学方法论。[①] 恰好是法学家，首先是刑法学家来讨论这个问题，则是很自然的事情，因为刑事责任的问题只要包含人们在什么情况下能够断言某人通过他的行动“导致”了某种外在的结果这个问题，便是纯粹的因果性问题，——而且显然与历史的因果性问题具有同样的逻辑结构。因为人们之间的实际社会关系的问题，特别是司法问题正如历史一样指向“人本主义的”，也

① 在理论统计学家中，与冯·克里斯统计学理论关系极为密切的是L.冯·博尔特基维彻(L. v. Bortkieswitsch)，他的著作有《概率统计的认识论基础》《康拉德年鉴》，第三辑，17卷(也可参见18卷)，以及《莱基斯(Lexis)的人口统计学和道德统计学理论》(出处同上，27卷)。A. 楚普罗(A. Tsehuprow)也是以冯·克里斯的理论为基础的，他论《布罗克斯·爱富隆百科词典》(*Brockhaus Ephronschen Enzyklopadischeo Wörtbuch*)中道德统计学的文章可惜我无法理解。参见他在施莫勒年鉴，1905年，第421页及以下页的《统计学理论的任务》一文。我不同意基斯嘉科夫斯基的批评(前引《唯心主义问题》第378页及以下诸页的文章)。当然，眼下只是大略概述其意，详论有待将来。他指责(第379页)这个理论首先运用了一种错误的、依据于米尔逻辑的原因概念，尤其是运用了“合成的原因”和“部分原因”的范畴，它们自己又依赖于因果关系(在“产生作用的”意义上)的拟人化的解释(甚至拉德布鲁赫也表示过后一种观点，出处同上，第22页)。然而，“作用”观念，或如人们所说的不具任何色彩而意义全然一致的“因果纽带”观念，与任何探讨个别性质变化系列的因果研究是完全不可分的。这个观念不应当再承受不必要的和有疑问的形而上学前提，这一点我们将在后面讨论(见《论多种原因和主要原因》，楚普罗的解释，出处同上，第436页)。这里应当注意：“可能性”是“形成形式的”范畴，也就是说，它所具的功能是规定这种选择：它为历史描述所接纳的因果环节。相反，历史上形成的材料至少按照理想的要求不包含任何“可能性”：历史描述虽然主观上很少属于必然性判断，但是在客观上毫无疑问始终以下面这一点为前提：结果所“被归到”的“原因”——当然应清楚地记住：它是与条件的无限性联接在一起的，后者在科学上是令人不感兴趣的，而在描述中仅被概要地提到——不得不无条件地被看作结果产生的“充分根据”。因此，这个范畴的运用丝毫不包含长期为因果理论所忽略的这样一个观念：仿佛现实因果联系中的某些环节直至它们进入因果链条之时几乎都是“尚未确定”的。我认为，冯·克里斯(出处同上，第107页)把他自己的理论与J. S. 米尔的理论作了完全令人信服的对比。有关这个问题的讨论见下文。唯一正确的是：米尔讨论了客观可能性，在这种情况下也就偶尔(参见T. 戈科默珀尔茨〔Th. Comperz〕编德文版著作，第三卷，第262页。)形成了“适当起因的”概念。

就是说，它们追问人的“行动”的因果意义。正如探究一种具体的、可能是刑法上应赎罪或者民法上应赔偿的结果的因果关系制约性一样，历史学家的因果性问题也始终指向将具体的后果归源到具体的原因，而不是指向探究抽象的“规律性”。法学，尤其是刑法学离开这条共同的道路而又转向于它所特有的问题，是由于引入了进一步的问题：将一个后果归源于某一个人行动的客观的、纯粹因果的归源，是否和在什么时候足以判定这个行动是他主观的“责任。”因为这个问题不再是一个纯粹因果关系问题，可由简单地规定凭借概率和因果解释弄清的事实而予解决，而是有伦理和价值取向的刑事政策问题。因为先天可能的、事实上很频繁地发生而在今天定期出现的情况是：明确表达出来的或通过解释而弄清的法律规范的含义趋向于表明，有关法律规范意义上的“责任”的存在首先应该取决于行动者方面的某些主观事实（意图，受到主观限制的对于后果的“可能预见”等等），因此从范畴上区别因果联接方式的意义会有重大的变动。[①] 只是在第一阶段的讨论中，研究目的的这种差异才没有意义。我们首先和法学理论一起问道：鉴于事实上原因因素的无限性始终制约个别“事件”的完成，所有这些原因因素对于有其具体形式的结果的完成的确是必不可少的，那

① 现代法针对作案人而非事实（参见拉德布鲁赫，出处同上，第 62 页），它追究主观的“责任”，而历史只要依然是经验科学，就需追问具体事件的“客观”根据和具体行动的后果，但不审判“作案人”。拉德布鲁赫对冯·克里斯的批评正确地立足于现代——不是所有的——法的这种基本原则。但是他自己因此也承认，在所谓的无意犯罪行为（第 65 页），“影响的抽象可能性”的责任（第 71 页），对利益损失的责任，以及责任能力的保证等情形中，亦即一般地在唯有“客观的”因果关系可以考虑的场合下（第 80 页），克里斯的学说是有效的。但是历史学所处的逻辑状况与这些情况是一样的。

么把一个具体的结果归源于一个个别的"原因",在原则上一般是如何可能的和如何实现的?

在无限的决定因素中,进行选择的可能性首先只是以我们历史兴趣的样式为先决条件的。如果人们说,历史学要从因果关系上理解有自己个性的"事件"的具体实在,那么如我们所见的那样,很显然这并不是意味着,历史学要毫无删节地复制和从因果关系上解释带有其全部个别特性的"事件"的具体实在。这不仅实际上是不可能的,而且在原则上也是毫无意义的任务。相反,历史学的唯一任务是从因果关系上解释相关事件的这样一些"成分"和"方面":它们根据某些观点有"一般的意义",并且因而具有历史的兴趣,正如法官审议时所考虑的不是事件的全部个别过程而是这一事件中与依照法规归类相干的基本成分。法官——完全撇除"绝对"琐碎的细节——对所有可能引起其他自然科学、历史学、艺术思考方式兴趣的事物从不感兴趣:他对致命的一刺是否在伴有其他现象的情况下"导致"死亡不感兴趣,而生理学家可能对此正感兴趣;他对死者或谋杀者的姿势是否能够成为艺术描写的合适对象不感兴趣;他比如对这次死亡是否有助于"不在位的"幕僚在官僚等级制中得到提升,也就是说,对这次死亡依照后者的观点是否会有因果"价值"不感兴趣;或者比如他对于这次死亡是否成为警察的某种保安措施的诱因不感兴趣;对它也许恰好造成了国际冲突并且就这样表明了它的"历史的"意义也不感兴趣。唯一与他有关的只是:刺击和死亡之间的因果环节的如此构成,谋杀者如此的主观表现和他与行动的如此关系是否适合于某种刑法规则。另一方面,使历史学家对比如恺撒之死感兴趣的不是这种"情况"所能显示出来的刑法问题或者医学问题，也不是对于恺撒的“特点”或对于罗马党派状况的“特点”——亦即作为“认识手段”——或者最后对于恺撒之死的“政治影响”——亦即作为“现实原因”——不具重要性的这个事件的细节。相反，在这个事件中，他首先关心的只是这样的事实：恺撒之死恰恰发生了当时具体的政治形势之下，并且他探讨与此相关联的问题：这个事实是否产生比如“世界历史”进程中的某种重要“结果”。

因此，历史的归源问题与法律的责任问题一样，要将实在事件过程的成分的无限性当作“因果关系上不相干的”而予以排除。因为如我们所见，个别事实不仅在它与所讨论的事件毫无关系时乃属无足轻重，这样我们可以设想它不存在而不“会”引起实际进程的任何变动，而且大概在它不表现为这个过程具体而基本的、令人感兴趣的成分的共同原因时，也是无足轻重的。

不过，我们本来的问题却是：我们凭借何种逻辑程序获得下面一种洞见并且我们能以证明的方式来确立它：在结果的这种“基本的”成分和无限的决定因素中的某些成分之间存在着一种因果关系。不言而喻，不是凭借对过程的简单“观察”——如果人们把观察理解为对所有发生在相关空间和时间区域内物理和心理过程的无前提的、思想上的“照相”，那么所凭借的肯定不是这种观察，即使这种照相是可能的。相反，因果归源是通过包含了一系列抽象思维实现的。最初的和决定性的抽象正是，我们从过程中实际的原因成分里面设想出一个或几个朝某一方面变动的成分，然后反身自问，在事件这样变动的条件下是否可以“预期”（在“基本的”要点上）同样的结果和某些其他的结果。让我们从爱·迈尔自己的研究中举一例子。谁也没有像他那么生动清楚地阐明了波斯战争对于西方文明发展的世界史式的“影响”。但是，逻辑上的问题是，这是如何实现的？他基本上是通过如下方式来推论的：在两种“可能性”之间，即一方面是一种起源于神秘的宗教仪式和预言的神权政治——宗教的文明在完全能够到处，比如从犹太人那里，利用民族宗教作为统治手段的波斯保护国的庇护下的发展，另一方面是面向现世的、自由的希腊精神世界的胜利，它给我们提供了我们今天依然借以维持自身的文化价值，“决定”是由马拉松小规模“战役”的战斗作出的，它的确为阿提卡舰队的出现并因此为解放战争的进一步发展，为拯救希腊文明的独立，为积极推动西方特有的历史编纂学，为戏剧的全面发展和所有那些在这个世界历史的——按照纯粹量的标准——小舞台上发生的无与伦比的精神生活，造成了必不可少的先决条件。

马拉松战役在这两种“可能性”中作出了“决定”或对此产生了根本的影响，这很显然是我们的——我们不是雅典人——历史兴趣为什么执着于这个决定的唯一根据。若无对于那两种“可能性”和无可补偿的文明价值的估价，而这种文明价值在我们的回顾研究看来则有赖于这个决定，那么要确定它的“意义”是不可能的，而且事实上也就无法明白，为什么我们不应该把它与两个卡菲尔人部落或两个印第安人部落之间的争斗等量齐观，为什么我们不应该把赫尔莫特(Helmolt)《世界史》笨拙的基本思想全面而实际地付之实现，就如这部“现代”的文集所做的那样。① 如果现代的历史学家一旦受到某种情况的逼迫而以明确地思考和阐释“发展”的“可能性”的方式界定一个具体事件的“意义”，他们就由于运用了这种请求在逻辑上是全无根据的。譬如，K. 汉佩（K. Hampe）在他的《康拉丁》（*Komradins*）中借助于估计各种不同的“可能性”而对塔利亚科佐（Tagliacozzo）战役的历史“意义”作了极有启发的阐释，这次战役中纯粹“偶然的”、亦即由完全个别的战术活动决定的结局在这些不同的“可能性”：中作出了决定，然后他突然转而补充道：“但是，历史不知道任何可能性。”——对此我们必须回答说：被认为在决定论公理中“客观化了”的“正在发生的事件”不“知道”可能性，因为它根本就不“知道”什么概念，——而假若“历史学”要成为一门科学，它就始终知道可能性。如果出版物想具有“认识价值，”那么在历史著作的字里行间，甚至在对供出版的资料和文献所作的一切选择中都存在着，或更正确地说，必定存在着“可能性判断”。

但是，当我们谈及据说由那些战斗在其中“作出决定”的多种“可能性”时，它究竟意谓什么？它必定首先是指通过撇除在现实中实际地存在的“实在”成分和通过在思想中参照一个或一些一致的条件构成一个变动的过程，创作出——让我们冷静地说——想

① 自不待言，这个判断并不适用于这部著作中的个别文章，它们之中的一些是杰出的成就，尽管后来在“方法”上完全“过时”了。有一种“社会政策”公正的观念，它愿意——最终，最终：——在历史学中至少与重视雅典人一样重视被如此卑劣地忽视了的印第安部落和卡菲尔部落，并且为了真正清楚地标明这种公正，它求助于地理资料的整理，这的确是很天真的。

象的图像。单单这通向历史判断的第一步也因此——这是此处所要强调的——是一个抽象过程，它的进程是分析和在思想中孤立直接给定的东西——这恰被看作各种可能的因果关系的复合体，——然后应当达到对于“实在因果联系”的综合。单单这第一步就这样使给与的“实在”变成“思想的产物”，以便使它成为历史性的“事实”：用歌德的话来说，“理论”就存在于“事实”之中。

不过，如果现在有人更切近地研究这种“可能性判断”——亦即有关在排除和修改某些条件的情况下所可能产生的结果的陈述——并且首先问道：我们究竟如何达到它们？——，那么毫无疑义，这毫无例外地是孤立和一般化的问题，也就是说我们把“所与”如此深入地分析为“组成成分”，直至其中的每种因素都能适应于一种“经验规则”，因而也就能够确定，在有其他成分作为“条件”存在的情况下，依照经验规则，可以从其中的每一种成分“预期”什么样的结果。因此这里所用的“可能性”判断的意义，始终是指与经验规则的关系。这样，“可能性”范畴也不以具否定的形式而被运用，这也就是说，它并不表达与定言判断或确定判断相对的我们的无知和不完善的知识，而正相反，它在这里意谓与有关“现象规则”的确切知识的关系，与我们的“规律学”知识的关系，就如人们通常所说的那样。

如果回答某一辆火车是否已经通过一个车站这个问题说，“很可能”，那么这个说法表明，答者主观上不知道任何或许会取消这个假定的事实，但是他也无法断言这个假定的正确性，这就是说，这个说法所表明的是“不知”。然而，如果爱德华·迈尔判断说：在马拉松战役时期，神权政治—宗教在希腊的发展也许是“可能的”，或者也许是某些可能发生的事中"最有可能的"，那么这相反意谓如下断定：历史现象的某些成分已经客观地具备着，这就是说，是可以客观有效地弄清的；当我们设想马拉松战役不发生或者进行的情况不同（当然也包括实际进程中很大一部分其他成分）时，这些成分按照一般的经验规则"宜于"积极地导致神权政治—宗教的发展，这就是我们借助刑法学所用的术语首先要说的。根据前面所述，对马拉松战役的"意义"作这种判断所依据的"知识"，一方面是某些可从来源方面得到证实的、属于"历史形势""事实"的知识（"本体论的"知识），另一方面——如我们所见——是关于某种已知的经验规则的知识，特别是关于人们对于既定形势习惯反应的方式的知识（"规律学的知识"）。这些"经验规则有效"的方式我们后面再加考察。无论如何，不言而喻的是：为了证明他那对于马拉松战役的"意义"至关重要的命题，在万一这个命题受到反驳时，爱·迈尔就必须把那种"形势"深入地分解为它的"组成成分"，以便使我们的"想象"能够把我们取自生活实践和取自有关他人行为的认识的"规律学的"经验知识用于这种"本体论的"知识。然后，我们能够断定：这些事实——在被设想为以某种方式变化的条件下——的共同作用"能够"导致被称作为"客观可能的"结果。但是，这只是说，如果我们"设想"结果已实际地产生，那么我们就会承认这些被设想为以那种方式变化的事实是"充分的原因"。

关于上述简单事实的这个为了清楚而不得不有点烦琐的论述表明，关于历史因果联结的论述并不只运用了两种抽象，即孤立和一般化。这个论述还表明，有关"具体事实"的历史"意义"的最简单的历史判断，远非是简单地登记"既已出现的东西"，相反，它不仅描述了以范畴的方式形成的思想产物，而且也只是由于我们把我们全部的"规律学的"经验知识"补充到""已有的"实在里面，才实际地获得了有效性。

历史学家针对上面所说的内容将会正确指出：[①]历史研究的实际过程和历史描述的实际内容并非如此。历史学家的"得体感"或"直觉"，而非一般化和对于"规则"的意识揭示了因果联结。其与自然科学研究的区别恰恰就在于：历史学从事事件和人物的解释，而这些事件和人物是直接依照我们自己的精神本性的类推而"解释"和"理解"的；在历史学家的描述中，最重要的还是"得体感"和历史学家报告的富有启发的鲜明生动，它们使读者"神入"所描述的事情，一如历史学家自己的直观体验和亲历这些事情，而非挖空心思地把它推论出来一样。除此而外，他们又指出：当一种个别的因果因素被设想为已经排除了或已经变动时，这种就依照一般的经验规则"或许会"产生的现象所做的客观可能性判断，便经常是极不确定的和完全无法获得的，这样，历史"归源"的前提实际上就会永远地被取消，因而也不可能是历史认识的逻辑价值的本质因素。——这个论点首先混淆了两种不同的东西，即一方面是科学知识产生的心理过程和为了从"心理上"影响读者而选择来表现所认识的事物的"艺术"形式，另一方面是认识的逻辑结构。

兰克"猜测"过去，而逊于兰克的历史学家如果完全不具有这种"直觉"的天赋，那么甚至其知识的进步也是维艰维难的，因而他总是历史学的低级职员。——但这与数学和自然科学的伟大认识

① 较详细的有关论述见我在《罗雪尔和克尼斯》第三部分的论述。

绝无差别：它们都在想象中作为假设"直观地"闪现，然后对照事实而被"证实"，亦即运用已经获得的经验和知识来检验它们的有效性，并且给以合乎逻辑的"表述"。历史学中的情形也完全一样：如果我们这里主张对于"本质的东西"的认识依赖于客观可能性概念的运用，那么我们因此并没有说明在心理学上令人感兴趣而在此处与我们无干的问题：一个历史假定如何在研究者的头脑中产生，而是阐述了下面的问题：在受到怀疑和否定的情况下，它是凭借何种逻辑范畴而被证明为有效的，因为这规定了它的逻辑"结构"。如果在描述的形式上，历史学家把自己的历史因果判断的逻辑结果告诉读者而不清楚地列举认识的根据，暗示读者推想过程而不是进行极为认真的"推论"，那么他的描述一旦徒具艺术形式的外表而缺乏因果归源的骨骼时，大概不过是历史小说而已，决非是科学的确证。枯燥的逻辑研究的方法只注重这种骨髓，因为即使历史描述也需要像"真理"一样的"有效性"，我们到现在为止考察的历史研究的那个最重要的方面即因果追溯只是在这个时候才达到这种有效性：它在遭到反驳的情况下，经得起那种利用客观可能性的范畴将个别因果因素孤立化和一般化的检验，经得起因此而可能的归源式的综合检验。

但是，现在很清楚：个人行为的因果分析在逻辑上也与马拉松战役的"历史意义"的因果解释完全一样，是借助孤立、一般化和建立可能性判断得以实现的。我们再来看一个特殊的例子：对于自己行动的反思分析。有关这种分析的一种未受过逻辑训练的观点倾向于认为：这种分析是在体验中被直接给予的，并且——假定精神"健全"的话——毋需赘言而"可理解的"，因而也自然是能够在回忆中即刻“再现的”。稍作考虑便会明了：情况却非如此，对于为什么我这样行动这个问题的“有效”回答，只有凭借抽象才能形成一个达到可证明的判断水平的、范畴形式的结构，——即使这里的证明是在“行动者”自己的心灵中进行的，情况也依然如此。

我们假定一位易冲动的年轻母亲被她孩子的某些出格行为惹烦了，作为一个规矩的德国人，她并不遵从包含在布施（Busch）善意格言里面的理论：“棍棒触及皮肉，——只有心灵的力量才深入灵魂”，而给了孩子一记重重的耳光。现在让我们进一步假定，在事后对“教育的适宜性”、耳光的正当性或者至少这个耳光所使的很大的“力量”的正当性稍作“思考”之后，她无论如何在缺乏考虑这一点上是有毛病的，或者让我们——更好地——假定：作为德国人而对自己理解一切事物因而也对理解孩子教育的优越能力颇为自信的一家之长，觉得有必要用“目的论的”理由劝诫他的妻子，——于是“她”也许会说明想法并把这个当作她的辩白：如果她当时，我们假定，没有因为与女厨师争执而被“激动”，就完全不会用那种教育方法或者“不那样”的用法，而这就倾向于向他承认：“他确实知道她一向并非如此。”她因此使他注意到他对她“一贯动机”的“经验认识”，这个动机在绝大多数一般可能的情况下会导致另一种不怎么无理的结果。换言之，我们应当预先用我们即将讨论的术语来说，她想声明：那记耳光在她那一方面是对她孩子行为的“偶然的”反应，不是“适当地肇因的”反应。

这起夫妇对话也已足以使上述的“体验”成为一种具有范畴形式的对象，虽然一旦逻辑学家向这位年轻的妻子点明说，她像历史学家一样做了一次“因果归源”，为了达到那个目的她作出了“客观可能性判断”，甚至使用了我们即将详细讨论的“适当起因”的范畴，她一定会大吃一惊，就如莫里哀（Molière）笔下的那个庸人听到她一生都在说“散文”之后惊喜不已一样，——但按逻辑的观点来看，情况必定如此。甚至对于自身体验的反思认识也决不是实际的“再体验”或对于所体验的东西的简单“照相”，“体验”在其成为“对象”时，就不断地获得在“体验”中“意识”不到的各种观点和各种内在联系。在反思中形成的关于自己先前行动的观念，在这一方面与关于自己先前“体验到”的或由他人报告的具体“自然事件”的观念并无二致。大概没有必要进一步用复杂的例子来阐释[①]这个命题的普遍有效性并清楚地说明：我们分析拿破仑或俾

① 我们这里再简单地讨论一个 K. 福斯勒（出处同上，第 101 页及下页）为了说明法律结构软弱无用而分析过的例子。他提到某些语言的特异性，它们在他的家庭，“德语海洋中的一个意大利语孤岛”内是由他的孩子们培养起来的并为长辈们在与孩子的谈话中所模仿，它们的出现可追溯到一些依然十分清晰地保存在他记忆中的具体诱因，——他问道：“大众心理学（而且我们可以按其意思加上，“每一种规律科学”）对此类语言发展的事例还要解释些什么呢？”——如果只就其自身考虑，这个事件从表面来看实际确实得到了完全充分的解释，但是这并不是说它再不能成为进一步研讨和运用的对象。首先，因果关系在这里是可以确定地说明的（可设想的，因为这里要紧的只是这一点）这个事实，能够用作解释的工具，以便用以检验语言发展的其他过程，看看同样的因果关系在它们那里是否能够确立起来：然而，从逻辑的观点来看，这需要把具体的事例安置到普遍规律之下。福斯勒自己也在那儿论述这类规律：“使用频繁的形式吸引了使用不频繁的形式。”但这并不够。我们说过，对这一事例的因果解释“表面上确实”是可满足了。但是，不可忘记：每一种即使显然“最简单的”个别因果联系能够区别和分析至无限，我们在哪一点上不再深入，这仅仅取决于我们当时对因果关系兴趣的限度问题。在前面所说的情况下，我们本来就丝毫未曾说及：我们对因果关系的要求必须满足于已指明的“实际的”过程。比如精确的观察可能会表明：那种制约着孩子语言改变的“吸引力”和大人对孩子这种语言创造的模仿，同样以不同的程度发生在不同的词汇形式上面，于是就可以提出一个问题：是否无法说明为什么一种形式或另一种形式频繁出现或甚少出现或根本不出现？只有在出现的条件以规律的形式被阐述出来时，以及在

斯麦的决定时所取的逻辑方法，与上引例子里我们的德国母亲所取的方法完全一样。需作分析的行动的“内在方面”是在自己的记忆中被给予她的，而我们必须从“外面”来“解释”第三者的行动，这两者之间的区别仅仅是在材料的易接近性和完整性方面的程度差别。——如果我们发现一个人的性格“复杂”和难以解释，我们确实总是倾向于认为，他自己必定能在这种情形下向我们提供有关简要的信息，假如他确实真诚地要这样做的话。至于状况不是这样甚至常常是相反的情况这个事实和其原因，这里不再详加说明。

我们宁可转过来详细考察“客观可能性”的范畴，这个范畴直至现在只是从它的功能方面用极为一般的方式来标志的，而且我们尤其要考察“可能性判断”“有效性”的模态问题。显然人们可以提出下面的反驳：把“可能性”引入“因果考察”一般意谓放弃因果知识，——尽管上面就可能性判断的“客观”基础作了种种论述——实际上，因为规定“可能的”过程必定始终要听凭于“想象”，

(接上页)事例被“解释”为从这类规律在具体条件下的“相互作用”中推知出来的特殊状况时，我们对于因果关系的要求才能得到满足。在这一点上福斯勒本该把这令人厌烦的对规律的猎求、孤立和普遍化放在他舒适的家的中央。更确切地说，这是由于他自己的过错。因为他的“类推是心理力量的问题”这个一般观点就逼使人们完全无条件地提出下面的问题：那么这样是否就无法获知和说出有关这种“心理力量关系”的一般性的“心理的”条件？人们一眼便知福斯勒的说法——以这种表达方式——似乎直接强行地恰使他的主要敌人，即“心理学”卷入了这问题。如果我们在具体情况中满足于具体过程的简单描述，那么原因就会是双重的：首先，那类比如要通过进一步分析才能获知的“规律”在具体的事件中也许不会为科学提供任何新见解，——也就是说，这个具体事件作为“认识手段”不具什么重要意义；其次，它作为这个具体事件，只在一些狭窄的范围内起作用，所以对于语言发展没有普遍意义，它作为历史的“实在原因”也不会遗留下什么意义。只是我们兴趣的限度，而非逻辑的荒谬才使得福斯勒家中的那个过程大概能免于“概念化”而保留下来。

那么承认这个范畴的意义正是意谓承认：方便之门为“历史描述”中的主观任意性敞开着，它也正因为如此而非什么“科学”，事实上，如果设想某一条件因素以某种方式改变了，什么将会“发生”，——可以肯定即使在原始材料具有“理想的”完整性的情况下，这个问题通常也完全不可能由一般的经验规律给予有任何较大可能性的回答。[①] 况且，这也并非是无条件地必需的。——考虑一个历史事实的因果意义的出发点是首先提出问题：假使从被看作共同起作用的诸因素中排除这个事实或者假定它在某种意义上有了变动，那么这个现象的过程能否会按照一般的经验规律选取一个方向，这个方向在某些对于我们的兴趣十分关键的方面是以某种不同于以前的方式形成的，——因为我们真正关心的只是：现象中那些我们感兴趣的方面是如何受到这些共同起制约作用的个别要素的影响的。但是，如果甚至对于这个本质上乃否定地提出的问题得不到一个相应的“客观可能性判断”，如果——所说的是同一件事——按照我们的认识即使在排除或更动了那个因素的情况下，那些处于“历史上重要”时刻、亦即我们感兴趣的时刻之中的进程，仍可根据一般的经验规律恰如它已经发生一样被预期，那么，这种因素实际上确实是毫无因果意义的，绝对不属于历史的因果追溯所要建立和应该建立的链条。

柏林五月之夜打响的两枪，依照爱·迈尔的观点差不多属于这类因素——它们之所以能够不属于这类因素，正是因为在他看

① 以肯定的方法虚构出什么将“会”发生的尝试，倘若一旦得逞，可能会导致怪异的结果。

来可以设想这两枪至少也是规定了爆发时间的条件因素，而稍后的时刻则可能意味着另外的进程。

然而，如果根据我们的经验认识，能够参照对具体研究极为关键的重点而假定某一因素在因果联系中的重要性，那么说明这种重要性的客观可能性判断就可以是确定性度数表上的全部刻度。爱·迈尔认为俾斯麦的“决定”在与那两枪不同的意义上“导致”了1866年战争，这个观点包含着下述看法：倘若排除这个决定，先前存在的决定因素就迫使我们承认（在“基本的”方面）向其他方向发展的客观可能性的“程度是很高的”——比如：普鲁士—意大利条约的期满，威尼斯的和平割让，奥地利和法国的结盟，或者至少当时那个促使拿破仑实际上成为“局势主宰”的政治和军事的形势有所变动。由此可见，客观“可能性”判断按其本性容许有种种不同的程度，人们能够根据适用于对“概率统计”进行逻辑分析的原则，在观念上形成这样的逻辑关系：人们把其“可能的”结果乃系判断对象的那些因果因素，与所有其余一般设想为与它们共同起作用的条件总体分离开来，进行对比，并且问道：所有这些条件的总体——在它们的参与之下，那些被孤立地设想的成分“相应地”引起这种“可能的”结果——如使自身与那样一些条件总体——在它们的参与下，上述成分“大概可能”不会引起这个结果——发生联系。人们自然绝对无法凭借这种做法获得对于这两种可能性之间关系的无论何种意义的“数量”估计。这样，它只有在“绝对偶然性”（逻辑意义上）的范围内才可得到，也就是说，在某些事件那里。——比如，就像投骰子，就像从一个坛子中取各种颜色的球而坛中各色球的混合比例始终保持一致等——在次数相当大的情况下，某些简单和明确的条件保持绝对同一，而所有其余的条件以一种我们的认识绝对无法获知的方式变化着。在那里，我们所关心的结果的那些“方面”——掷骰子时的点数，从坛里取球时球的颜色——，就它们的“可能性”而言，受到那些恒常和明确的条件（骰子的状况，球的分配）的如下规定：所有其他可设想的情形绝对未揭示出与那些“可能性”相关的任何可归结为一般经验命题的因果关系。我们投掷之前把握和摇动骰子筒的方式对于我们具体地投得的点数是一个绝对的决定因素——但是，尽管有种种关于“骰子”的迷信，仍毫无可能即使仅仅设想一个经验的命题，它会宣明某种握筒和摇筒的方式是“适合于”帮助投出某一点数的。所以，这种因果性是绝对“偶然的”因果性，于是我们有理由说，掷骰子的物理方式“一般地”不影响投出某一点数的机会：无论使用何种方式，骰子六个可能的面中每一个朝上的“机会”对于我们来说都是“同等的”。另一方面，有一条普遍的经验命题断言：在骰子重心偏离的情况下，尽管有其他具体决定因素的参与，这个“做假的”骰子某一个面朝上的“有利机会”也仍然是存在的。通过足够多次的反复投掷，我们甚至能用数字表明这个“有利机会”、这种“客观可能性”的大小。尽管人们常常受到极为正当的警告，不要把概率统计的原则挪用到其他范围，但现在仍然非常清楚，上面最后的例子可以类推到所有具体因果关系的领域，因而也可以类推到历史因果关系的范围里，只是在这些范围内，数量上的可规定性完全付之阙如，而它假定首先是“绝对的偶然性”，其次是某些可计算的“方面”或结果为兴趣独钟的对象。然而，尽管存在着这种缺乏，我们不仅仍然能够非常妥当地作出一般有效的判断说：在某些情形中，一种有某些特征的相同反应方式对于面临这种情形的人或多或少是有“促进”的；而且当我们表述这个命题时，我们确实能够指明相当多可能参与进来的事情，而那种一般的“促进”并不因为它们的参入而有所变动。而且虽然我们最终无法确定地或甚至依照概率统计的方式估计某些“条件”对某一结果的“促进”程度——但是，我们很可以通过与其他被认为已经变化的条件“将会”“促进”这个结果的方式相比较，来估计那种一般促进的相对“程度”。而且，当我们通过足够多的、可以设想的情况变动在“想象”中完成这种比较时，则对于有关客观可能性“程度”的判断来说，一种程度相当高的确定性至少在原则上——这个问题是我们这里首先关切的——是可设想的。不仅在日常生活中，而且也恰恰在历史学中，我们经常不断地使用这类有关“促进”“程度”的判断。的确，若无这类判断，因果关系中“重要的”和“不重要的”区分纯粹是完全不可能的，而且甚至爱·迈尔在这里论及的他那本著作中也毫不犹豫地运用了这类判断。如果上面多次提到的那两枪在因果关系上是“不重要的”，因为按照爱·迈尔未在这里受到实际批判的观点，“无论何种偶然事件”都“必定会引起冲突的爆发”，那么这就意味着，在既定的历史态势中，某些“条件”是可以在思想中“孤立出来的”，它们在占有数量上居压倒优势的、可以设想可能会参与进来的更广泛的条件的情况下，将会恰好产生那个结果；而与此同时，假定在这些可以设想的原因要素参与进来的情况下，一种（相对于“决定性的”诸点而言）其他的结果在我们看来会有可能产生，那么这些原因要素的范围显得相对地是极其有限的。有鉴于爱·迈尔向来十分强调历史事件的非理性，尽管他用了“必定”这个词，我们也不想接受爱・迈尔的观点：别的结果简直就等于零。

我们依照自克里斯的著作之后确定下来的法学因果关系理论家的语言惯用法，把这样一些事例称作（由那些条件产生的结果中那些成分的）“适当的”起因，在这些事例中，某些由历史研究概括而成一个统一体并被想象为可“孤立出来”的“条件”的复合体与已出现的结果的关系，符合上面刚提及的逻辑类型。一如爱・迈尔——他并没有清楚地表述这个概念——那样，我们也谈论“偶然的”起因，在这里，对于历史学所考察的结果的某些成分来说，导致某一结果的事实起了作用，而这个结果相对于由思想概括为一个统一体的条件复合体而言，却是不“适当的”。

为了回到先前用过的例子，马拉松战役的“意义”依照爱・迈尔的观点在逻辑上应作如下规定：不是说，波斯人的胜利必定会导致古希腊文明因而世界文明的某一种完全不同的发展——这样的判断是根本不可能的，而是说，古希腊文明和世界文明的其他发展“会”是波斯人胜利这类事件的“适当的”结果。而且，爱・迈尔遭到冯・贝洛反驳的关于德国统一的论述，我们将在这里从逻辑上正确地理解为：德国的统一根据一般的经验规律可以理解为某些先前事件的“适当的”结果，柏林的五月革命根据一般的经验规律同样可以理解为某些普遍的社会和政治“状况”的“适当的”结果。如果相反，比如能够使人相信，没有柏林城堡前的那两枪，根据普遍的经验规律，革命“会”被避免的可能性是相当大的，因为毫无疑义，先前的“各种条件”的汇合若无那两枪的参与，按照普遍的经验规律便得不到“促进”或至少得不到较大的“促进”——在这个词前面阐释过的意义上——那么，我们就会谈到“偶然的”起因，这就是说，我们必须在这种自然难以设想的情况下把五月革命恰好“归因于”那两枪。在德国统一的例子里，与“偶然的”相对的并不像冯·贝洛所认为的那样，是“必然的”，而是“适当的”，它所取的意义是前面依照冯·克里斯的观点发挥的意义。[①] 必须严肃地指出：设置“偶然”与“适当”的对立与区分历史事件过程的“客观”因果性和历史事件的因果关系绝无关系，其所关切的始终只在于，我们抽象地孤立出在事件的“原始材料”中遇见的“诸条件”的部分，使之成为“可能性判断”的对象，以便这样利用经验规律获得对于事件的这些个别成分的因果“意义”的洞见。为了了解现实的因果间的相互关系，我们构造了非现实的因果间的相互关系。

这个做法关涉抽象这一点，特别经常地在一种特殊的方法下受到误解，这种方法以极其相似的形式存在于个别法律因果性理论家的某些以约翰·斯图亚特·米尔的观点为基础的理论之中，而这些理论在前面引证的冯·克里斯的著作中已受到令人信服的批判。[②] 米尔认为：数学的概率商意味着“引起”一个结果和“阻碍”同一个结果的诸原因间的关系，而这些原因（“客观地”）存在于概定的时刻。宾丁（Binding）根据米尔的观点也断言，在某些情况中，在“促成一个结果”和“遏止”这个结果的诸条件之间客观上存在一种数量上可规定的或毕竟可大致规定的关系，这个关系在有

① 我将在后面讨论我们是否有办法和有什么办法来估计适当的“程度”，以及所谓的“类推”在这里、特别在把“全部原因”的复合体会解为它们的成分时，是否发挥作用和发挥什么作用。这里的阐述是迫不得已的权宜之计。

② 我在这里像在前面的许多论述中一样多次“剽窃”了冯·克里斯的观点，这一点很使我为难，更何况有关的阐释在精确方面常常迫不得已地落在冯·克里斯本人的论述之后。然而这两者于目前研究的目的都是不可避免的。

些情况下处于客观的"平衡状态"之中。肇端的过程是第一类条件达至优势的过程。[①] 非常清楚：这里，在权衡人们的"行动"时作为直接"体验"而出现的"动机斗争"的现象，被改变成了因果性理论的基础，无论人们赋予这种现象以何种普遍意义，如下一点却是无疑的：没有哪一种严格的因果研究，包括历史学的因果研究在内，能够接受这种拟人说。[②] 不仅关于两种彼此起"相反"作用的"力量"的观念是一种空间—物体的图像，它可以毋须自我欺骗地运用的情形只限于这类——尤其是力学和物理学的[③]——包含两种在物理意义上"对立"的结果的事件，在那里一种力量会引起一个结果，另一种力量会引起另一个结果。而且尤其是可以一劳永逸地坚持：一个具体的结果不能被看作是某些"促成"它的原因和另一些"遏止"它的原因之间斗争的产物；而情况应当看作是这样：自一个"结果"开始的因果追溯所导致的所有条件的总体必定如此而非如彼地"共同作用"，以使这个具体的结果如此而非如彼地实现。对于一切研究因果关系的经验科学来说，结果的出现不仅仅从某一因素得到规定，而且"从永恒那里"得到规定。因此，如果我们谈到"促进"和"妨碍"一个既定结果的条件，那么这并不因此而意谓

① 宾丁：《规范与逾越规范》第 1 卷第 41 页以下；参见冯·克里斯上引书第 107 页。

② H. 戈默珀尔茨(《论意志决定的概率》，维也纳，1904，《维也纳科学院会议报告，哲学·历史类》单印本，第 149 卷)使上述的现象成为现象学的"决定"理论的基础。我不想就他描述这个过程的价值冒昧地作出判断。然而，在我看来，除此之外，文德尔班——为了他的目的有意地——以纯粹的概念分析方法，确定"较强烈的"动机与那种(人们的)决定最终"转而"所偏向的动机的一致(《论意志自由》，第 36 页及以后诸页)，而这并不是处理这类问题唯一可能的方法。

③ 参见冯·克里斯上引书，第 108 页。

在具体情况中，某些条件徒费气力地试图阻碍最终仍然产生的结果，而其他条件不顾它们的阻碍最终达到了这个结果；这种说法始终毫无例外只是意谓，时间上先于这个结果的实在的某些成分，如果孤立起来考虑，按照普遍的经验规律来看，一般常常“促进”有关类型中的一种结果，但是如我们所知，这是说，这些成分在被设想成与其他条件可能的大量结合中常常引起这个结果，相反，某些其他的成分一般不“促进”这个结果，而“促进”其他结果。例如当我们听到爱·迈尔(第27页)谈及所有事物都“涌向”某一结果的一类情况时，其所涉及的是孤立的和一般化的抽象，而不是对事件实际发生过程的再现。如果从逻辑上给予正确的论述，那么这仅仅意谓，我们能够查明因果关系的“因素”并且在思想中把它们孤立出来，预期的结果必须被认为是与它们处于适当的关系之中，因为我们可以想象，这种孤立地抽取出来的“因素”与其他因果关系的“因素”的结合，相对来说是比较少见的，而按照普遍的经验规律我们可以从后一类因素“预期”一种别的结果。在一些我们认为其中的状况如爱·迈尔用那句话所描写的那样的情况下，我们习惯于谈到预先存在着一种指向有关结果的“发展趋向”。①

但是，这个措辞，就如使用像发展——比如“资本主义”的发展——的“推动力量”，或相反地，发展的“障碍”一类的图像，并不有别于如下说法：具体情况中某一因果联系的“规则”由某一因果链条“取代”了，或(仍旧不精确的)一条“规律”由另一条“规律”“取代了”，——所有这些关系都是无可指责的，只要人们始终意识到

① 措辞虽不美，但这丝毫不改变逻辑事态的存在。

它们的思想性的特点，也就是说只要人们心里明白：它们依赖关于现实因果链条的某些成分的抽象，依赖以客观可能性判断的形式在思想中对其余成分的一般化，依赖为了把事件构成为具有某种结构的因果联系而对这两者的运用。[①] 然而，我们在这种情况下不满足于人们始终同意和意识到：我们的一切"知识"与已被安排在范畴形式中的实在相关，这就是说，比如"因果性"是"我们"思想的一个范畴。因为在这方面乃是相对于起因的"适当性"而言，因果性有其特殊的性质。[②] 我们这里着意尽量详尽地分析这个范畴，所以的确有必要至少简单地规定这个范畴，以便首先阐明"适当的"和"偶然的"起因之间的对立性质只是相对的，是受到当时具体的认识目的制约的，并且进而使人理解，包含在"可能性判断"中的看法的泰半极不确定的内容，是如何与它们对"有效性"的要求和为了形成历史的因果系列而对它们的运用相协调的，因为尽管内容有这种不确定性，它们的这种要求和运用却是依然存在着的。[③]

① 这一点只在此处被忘掉了，当然就如时时发生的那样——基斯嘉科夫斯基对这种因果研究的"形而上学的"性质的怀疑是有其根据的。

② 不仅冯·克里斯(出处同上)，而且比如拉德布鲁赫(出处同上)也已明确地阐述了这里的决定性观点的一部分，另一部分已由他们触及到了。

③ 一篇更加深入的论文应该随之而产生。

社会科学和经济科学“价值无涉”的意义[①]

(1917 年)

下文所谓的“价值评判”,如果不包含其他内容或自加说明,应当理解为关于受到我们行动影响的现象是卑下的或是正当的实践的评价。某一门科学“摆脱”这种价值评判的问题,亦即这种逻辑原则的意义和有效性与下述迥然相异的问题并无一致,这个将予以简要讨论的问题是:人们在大学授课时是否应当“宣明”他们所赞成的某种伦理的,或建立在文明理想以及其他世界观基础上的实际的价值评判。这个问题无法从科学上予以讨论。因为它本身完全取决于实际的价值评判,因而无法得到最终的解决。人们就这个问题有种种不同的立场,极端的两种是:(a)以可从纯逻辑演绎而得到的事实和经验事实为一方与以实践的、伦理的或世界观的价值评判为另一方的区分是正确的,不过(或许甚至于恰恰因为

① 这是 1913 年在“社会政策协会”一次内部讨论中所作的、作为手稿刊印的报告的修改稿。所有只使这个协会感兴趣的内容都尽可能地删除了,而一般的方法论考察则予以了扩充。在那次讨论会上所提出的其他报告中,施普朗格尔(Spranger)教授的报告已在有关立法、行政和国际经济的《施莫勒年鉴》上发表了。我认为我所评价的那位哲学家的研究是惊人地薄弱的,因为它缺乏清晰性,但是由于篇幅的关系我避免与他论战,而只阐述自己的观点。

这一点)这两类问题都是应当在讲台上阐述的;(b)即使那种区别在逻辑上不是始终分明一贯的,仍然建议尽可能地让一切实践的价值疑问退出课堂。

立场b在我看来是不可取的。——我们学科里通常所做的有这种"党派政治"特点的价值评判和有其他特点的价值评判之间的区分,在我看来尤其是行不通的,它只适于掩盖向听众所发表的意见的实际影响。一旦人们终究在讲坛上发表了价值评判,那么认为"无激情"必须是讲坛的特点,因而导致"狂热"讨论的危险的事物应予排斥的愿望,就完全是官僚主义的意见,任何一个有独立见地的教师必定会拒绝它。一些学者认为,在从事经验讨论时不应该放弃实际的价值评判。他们之中的最富激情者——比如特赖奇克(Treitschke)和我行我素的莫姆森(Mommsen)——才是最可容忍的。因为正是通过这种激情昂扬的话语,听众至少能够依据教师价值评判的主观性如何引起他阐述里的曲解,而从自己这方面对这种主观性作出估价,这也就是说,听众自己去做那些为教师的激情所排斥的事情。这样,那些拥护在讲坛上作实际价值评判的人所欲确保的东西,即——我认为——对年轻人心灵的作用,依然葆有其真正的情感,而又不致听众迷失于各种不同范围的彼此混淆之中。而当对经验事实的阐明和就重大生活问题采取实际的态度的要求一并淹没在同样冷冰冰的淡漠之中时,这种混淆必定会发生。

大学教师在一切具体情况下,甚至在面临使他的授课变得毫无吸引力的危险时,都毫不犹豫地向听众,首先向自己本人宣明,哪些陈述是纯粹从逻辑推演而来的或对纯粹经验事实的说明,哪些陈述是实际的价值评判,并且把这一点看作自己天经地义的责任，这时，只有在这时，立场 a 在我看来才是可以接受的，而且从它可能的支持者自己主观的立场出发也是能够接受的。一俟人们承认这两个范围的歧异，那么做到这一点在我看来当然直接就是理智诚实的戒律。在这种情况下，它是最最起码的要求。——

另一方面，人们（甚至在有这种保留的情况下）在讲坛上一般是否应该进行实际的价值评判的问题，本身就是一个大学实际政策的问题，因而它最终只能由个人根据自己的价值评判而对大学的任务所取的立场来决定。一些人根据自己大学教师的资格，要求大学并因而要求自己本身发挥塑造人及向其灌输政治的、伦理的、美学的或其他信念的一般作用，另一些则与此不同，他们认为必须肯定这样一个事实（及其结果）：现在学术讲堂只有通过由专业人才施行的专业教育才能发挥它真正有价值的作用，因此“理智的诚实”是应该培养的唯一特殊的美德。人们可以出于同样各有差别的种种终极态度，像赞成立场 b 一样赞成立场 a。立场 a（我个人采取这种立场）既能从对“专业”教育意义的狂热至极的评价中引申出来，相反，也能从对“专业”教育意义的完全中庸适度的评价中引申出来。譬如，并非因为人们可能希望每个人都应当成为尽可能纯粹的“专业人员”。而恰恰相反，因为人们不愿意看到通过教师的强烈影响，把必须由人们自己做出的个人至高的生活决定与专业教育——无论它不仅对于一般的思想教育，而且也间接地对年轻人的自我约束和道德态度的意义能得到多高的评价——混同起来，人们也不愿意看到由于同样的影响而妨碍听众依据自己的良心来处理生活问题。

冯・施莫勒（V. Schmoller）教授赞成讲坛价值判断的善意成

见，就像他和他朋友们曾经参与创造的伟大时代的回声，在我个人听来是完全可以理解的。但是我认为，即使他也仍然无法回避这个事实：社会客观状况对于年青一代来说在一个重要的方面已发生了相当大的变化。四十年前，在我们学科的学者圈子里有一个广为流布的信念：在实际政策的价值评判领域内，种种可能态度之中的一种最终必定是伦理上唯一正确的态度。（施莫勒自己当然始终极有节制地赞成这个立场。）今天就是在讲坛价值评判支持者中间，情况也不复如此了，这一点很容易得到证明。今天人们不再以道德命令的名义来要求讲坛价值评判的合法性，而道德命令的（相对地）朴素的正义公设的形成，由于特别明确的超个人的性质，就其最终根据以及其结果而论，部分是（相对地）简单的和首先（相对地）不涉及个人的，部分则看起来是这样的。相反（根据不可避免的发展），今天要求这种合法性的名义是异彩纷呈的文化价值评判的混合体，实际上也就是对于文化的各种主观要求的混合体，或者说白了，就是教师"人格的权利"。人们也许对这种立场颇为愤慨，但是却——而且因为它也正包含着"实际的价值评判"——无法驳倒它。在各种预言中，唯有这种意义上的具有"个性"色彩的教授预言是完全不堪忍受的。一大批官方认可的先知不是在巷间间、教堂里或其他公共场合，或者也不在由个人选择的秘密宗教集会上宣讲布道，反而擅自着力在政府赋予特权的讲堂里"以科学的名义"就世界观问题作出权威性的讲坛裁决，而那种据说是客观的讲堂，既无诘问，也无讨论，而最要紧的是，甚至连矛盾也掩盖在寂静之中。这真是史无前例的情形。曾一度博得施莫勒竭力赞成的一条古老公理说：讲堂里的授课应当与公开的讨论区分开来。尽管有一种观点可能会认为，这条公理甚至在经验科学的领域里也偶尔会带来某些害处，但人们依然公开认为，而我也同样认为：“讲授”应当是与“演讲”不同的东西；由于公开性，比如新闻公开性的干扰，大学授课的中庸严格、尊重事实的精神、冷静等等可能会损害教学的目的。然而无论如何，不受任何人支配这种特权看来只适用于教授的纯粹专业的资格。但是，对于个人的预言来说，无所谓专业资格，因而也不容许享受这种特权。然而它首先不应利用学生面临的窘境，即为了在生活中有所成就，他们必须进入某种学校，修习那里的教师的课程，而使学生除了他所需要的东西即理解力和思维能力的发展和训练以及知识之外，也在无法反抗的情况下被灌输了个人的、有时的确很有意思（但也常常实在是琐碎无味的）所谓“世界观”。

为了宣传他的实际的理想，教授也像其他人一样利用其他的机会；倘告阙如，他自己能够以适当的形式轻而易举把它创造出来，经验在每一次正当的尝试中都证明这一点。但是，教授不应该提出要求说，他作为教授可以在书囊中携有政治家（或者文化改革者）的指挥棒，就如他利用讲坛不受攻击的性质来表示政治家的（或文化政治的）情绪时所做的那样。他可以（而且应该）在出版物中，在公共集会上，在社团中，在文章里，以任何其他公民都可利用的形式去做他的上帝或魔鬼所要求的事情。但是，今天的学生在讲堂上从教师的讲课中所应学到的东西是：（1）熟练地完成所给定的任务的能力，——（2）首先承认事实，即便恰恰是令人不堪的事实，然后把关于它们的规定和自己的价值态度区别开来，——（3）使自己服从职责，因而首先抑制不必要地表示自己个人的兴趣和其他感受的冲动。我认为,这一点在今天比之于在四十年前远为迫切,在那时这个问题还根本不是以这种形式存在的。一些人断定,如果“个性”不是在一切场合都为人所看到的话,它几乎可以说就会丧失,在这个意义上,它可以是并且应该是一个“统一体”,然而,这种说法并不对。在每一项职业任务中,职责本身需要有它们的权力,并且将依照它们自身的规范而得到实现。在每一项职业任务中,承担任务者应当克制自己,排除并非严格地从属于职责的东西,而最需排除的便是他自己的爱和恨。并且如下的说法是不对的:坚强的个性在每一个场合都首先追求惟它独有的完全的“个人特色”,他由此而使自己显示出来。而我们所期望的是,现在正在成长的一代首先应重新习惯于下面的思想:“具有个性”不是能够刻意求得的,达此目的(或许!)的方法只有一个,那就是义无反顾地献身于“职责”,而无论它以及由此产生的“与时俱变的要求”在具体情况下究竟会是什么。把个人的事情与专业态度混淆起来是粗俗的做法。如果人们不能做到“职业”所需要的这种特殊的自我节制,那么这就意味着剥去了这个词至今尚存的唯一有意义的含义。但是,无论时下流行的“个性崇拜”是否致力于在王位、公职和讲坛上任意发展,——它在外表上几乎总是给人以深刻的印象,但是在最内在的意义上,它却处处是同样地微不足道,而且处处损害事业。我现在希望我不必特别地指出,本文批判的对手们利用这类个性崇拜所能造就的肯定是微乎其微的,这仅仅因为它是“个性的”。他们中的一部分以不同观点来看待讲坛的任务,另一部分别有一种我尊重但不秉具的教育理想。由于这样的缘故,我们不仅需要考虑他们想要什么,而且需要考虑他们利用自己的权威使之具有正当性的观点如何必定会影响那带有原本不可避免而又得到强劲发展的偏见的一代，使他们过分地看重自己。

最后，几乎毋需特别地说明，一些所谓的讲坛（政治）价值评判的反对者，依据常常被他们严重误解的排除“价值判断”的基本原则，贬低在讲堂之外完全公开的场合所举行的文化和社会政策的讨论，他们这样做肯定没有丝毫的正当性。在我们的专业里，无可置疑地存在着由强大的利益集团的顽固和自觉的党派偏见所夹带的虚假价值无涉的倾向性，这就解释了为什么相当数量的内心独立不依的学者现在主张讲坛价值评判，因为他们也自负地参与制造了那种纯粹虚假的“价值无涉”的伪装。我个人认为，尽管如此，正当的（按我的看法）事情应当有人去做，当人们知道一名学者在讲堂内只是严格地履行他的“职责”时，他的实际价值评判的重要性就会增长，这是由于他把自己赞成它的意见放在讲堂以外适宜的场合去发表。然而，所有这些本身也同样是实际价值评判的问题，因而无法得到澄清。

但是无论如何，只有当所有党派的价值评判都有机会在讲坛上证明自身的有效性时，这种对于讲坛价值评判权利的基本要求在我看来才是前后一贯的。[①] 但是，在我们这里，反对平等地发表人们可以接受的各种（乃至可以想象的“最极端的”）思想观点的原则恰恰总是与强调讲坛价值评判的权利结合在一起的。比如，当

① 荷兰的原则是不能令人满意的，即免除神学院的强制忏悔，但在下述情况下的创办大学的自由：资金的保障，遵守教师职位资格的标准，捐助者建议捐赠教席的私人权力。然而，这只给有钱人和那些反正已经握有权力的权威组织提供了便利：就我们所知，只有教会组织用过这种特权。

施莫勒宣称“马克思主义者和自由贸易论者”没有资格担任大学教席时，这从他个人的立场来说当然是前后一致的，尽管他还不至于迷狂到不公正地无视正是从这些圈子内产生出来的科学成就。唯有在这一点上，我个人决不同意我们尊敬的大师。人们显然不应当既要求许可讲坛价值评判，又同时——如果应当从中得到什么结论的话——指出，大学是用来培养自觉“忠于国家的”行政官员的国家机构。这样人们也许会使大学不是成为“专业学校”（这在许多大学教师看来似乎太屈才了），而是成为神学院，——只是不能赋予它以那种宗教地位。现在人们自然希望有某些纯粹“逻辑”地推演出来的限制。我们的一位第一流的法学家偶然一次在他宣布反对将社会主义者从讲坛排除出去时解释说：他作为一名法律教师也不可能会接受一名“无政府主义者”，因为无政府主义者否认一般法律本身的有效性，——而且他认为这个论点是决定性的。我所持的见解正好相反。无政府主义者无疑可以是一位优秀的法律学者。而且如果他是法律学者，那个几乎可以说是在我们认为不言而喻的惯例和前提之外而为他的客观信念所置足的阿基米德原点，使他能够发现一般法律学说的基本观点中值得争论的问题，而这些问题却为所有那些认其为理所当然的人忽略了。因为最彻底的怀疑是认识之父。法学家并无责任“证明”其存在与“法律”的存在密切相关的那些文化财富的价值，就如医生并无责任去“证明”在任何情况下延长生命总是值得追求的一样。两者都不能够用他们的方法去从事这类工作。但是，如果人们打算把讲坛变成实际价值讨论的场所，那么允许从各种立场出发对最根本的基础问题进行不受妨碍的自由讨论显然不就是一种责任吗？这能够做到吗？恰恰是最有决定性的和最重要的实际政治的价值问题，由于政治局势的性质今天反而被排除在德国大学讲坛之外。谁如果认为国家的利益毫无例外地高于它的所有具体制度，那么对他来说，一个重要的核心问题就是，关于德国君主地位的权威观念是否与国家的世界利益，与这些利益得以实现的战争和外交这类手段符合一致？对这个问题作出否定答复的并不总是最糟糕的爱国者，也决不是君主制的反对者；而且在这两个领域未出现相当深刻的变动的期间，也并不总是他们不相信这些领域的持久的成就。但是，大家知道，这些关系到民族生命的问题在德国的讲坛上无法得到充分自由的讨论。[①] 但是，鉴于大学讲坛一直不允许自由地讨论决定实际政治的价值评判问题这个事实，我认为唯一能维持科学代表尊严的，便是对有人极其乐意让我们来处理的那类价值问题也保持沉默。——

但是，人们是否容许、必须、应该在授课时发表实际的价值评判这个问题——其所以无法解决，是因为以价值评判为条件——无论如何不允许与就价值评判对于诸如社会学和经济学一类的经验科学所起的作用而进行的纯粹逻辑讨论混杂起来。否则，关于本来的逻辑事实的讨论的中立性必定会为此而受损，不过，除了纯粹逻辑所要求的清晰性和由大学教师作出的不同问题范围的明确区分外，对逻辑事实的断定本身对于那个问题仍然不给出任何指示。

① 这决非德国所特有的。几乎在每一个国家都或公开或隐蔽地有各种事实上的限制。只是因此而被排除的价值问题的性质各有不同。

我不必进一步讨论:是否很"难"得出经验的确定和实际的价值评判之间的区别。它的确是一个困难的问题。我们大家,包括著文赞成这种要求的人,都一再遇到这个问题。但是,至少所谓"伦理经济学"的追随者能够认识到,道德法则即使不能付诸实现,也仍然是"强制性的"。良心的考察或许可以表明:实现我们的公设因此是特别困难的,这是因为我们不愿意拒绝不进入如此有趣味的价值评判领域,而因其具有颇为诱人的"个人特色",情况更是尤其如此。每一个教师自然都会观察到:当他开始进行个人的"表白"时,学生就面露喜气和专心倾听;他也同样会看到,由于抱着他会继续这样授课的期望,听课的人数就会大大地增加。大家还都知道,大学经常进行的竞赛往往推荐出一个预言者,他尽管微不足道,却能掌握整个讲堂,凭一些建议支配着比他优秀得多的学者和实事求是的教师。——当然,可以理解,这些预言应该对于时下被看作规范的政治价值评判和习惯价值评判毫无所染。唯有这些物质利益得益者中的伪价值无涉的预言者,由于这些利益对于政治力量的影响,才有相当优越的擢升机会。我觉得所有这些都是令人不愉快的,因而我也认为,祛除实际的价值评判并不是"微不足道的",它不会使讲课变得"厌倦无聊"。有关经验专业领域的课程是否首先必须在使人"兴味盎然"方面下功夫,这一问题我且搁置不论,但是,就我自己而言,无论如何我担心,凭借过多的令人感兴趣的个人特色而取得的刺激性,久而久之就会消除学生对于严肃的实际研究的趣好。

毋需深入的讨论,我就可以明确地肯定,正是在祛除所有实际价值评判的幌子下,人们可以依据众所周知的"让事实来说话"的公式,特别有力而且意味深长地引起这种刺激。我们议会中和选举时那些质量较高的演说所产生的影响就恰恰利用了这种手段,——而且对于它们的目的来说是完全正当的。正是从要求区分事实评判和价值评判的观点来看,大学讲坛上的这种做法是一切滥用职责里面最下道的做法,对此我无需多费笔墨。但是,不诚实地唤起的完成道德命令的假象可以冒充为实在,然而这并不意味着对道德命令本身的任何批判。但是,这仅仅意味着:如果教师认为他不应该拒绝作实际的价值评判,那他应当向学生和向他自己绝对清楚地说明这种价值评判的性质。

我们最终必须竭尽全力反对的是一种并不少见的观念,它认为通过权衡各种彼此对立的价值评判和它们之间的"政治家式的"折衷,就可以踏上通往科学"客观性"的大道。"中间路线"不仅恰好与"最极端"的价值评判一样,不能以经验学科的方法得到科学的证明。而且,在价值评判的范围内,它正是在规范的意义上最为晦暧不清。它不属于讲坛,——而是属于政治纲领、官僚机构和议会。科学,无论是规范的还是经验的,都能为政治活动家和对立的党派提供无可估量的帮助,这就是说它告诉他们,(1)对于这个实际问题,某些不同的"最终"立场是可以考虑的;——(2)在你就这些立场作出选择时,存在着这样那样你必须考虑的事实。——由此我们开始着手讨论我们的"问题"。

关于"价值判断"这个词已产生了无数的误解,最主要的是发生过大量术语方面的因而全无成效的争论,但很显然,它们都于问题本身无补。如我们在开篇时所说的,有一点是非常明确的,对我们的学科来说,这种讨论所涉及的是,依据伦理的或文化的观点,或依据其他的理由是否值得对一些社会现实作出实际的价值评判。尽管我前面就此作过一些论述①，还是出现了如下十分严肃的“反驳”：科学是“有价值的”，(1)这就是说它在逻辑上和事实上被评价为正确的，(2)这就是说它希望获取在科学利益的意义上重要的结果；而且，材料的选择已包含“价值评判”在内。一种同样经常出现而几乎不可思议的严重误解是，仿佛我在断定，经验科学不能把人们“主观的”价值评判作为对象(而社会学和国民经济学中的全部边际效用学说正依赖于相反的前提)。但是，这里唯一所涉及的只是极不起眼的要求：研究者和描述者应当无条件地把经验事实的规定(包括他所确定的经验的人的“有价值取向的”行为，而经验的人是他所研究的)与他的实际的价值评判态度，亦即在判断这些事实(包括经验的人的可能被造成为研究对象的“价值评判”)令人愉快或令人不愉快的意义上的“鉴定”态度区分开来，因为这是两个根本不同的问题。一位作家在一篇否则很有价值的文章中写道：研究者的确也可以把他自己的价值评判当作“事实”，然后从中推出结论。这里所说的意思是无可争辩地正确的，而所选用的表述却也同样地令人易生误解。人们自然能够在讨论之前就下面

① 我必须提及我们在前面文章的第146及以后诸页、第215页及以后诸页(分别见本书第1页及以后诸页，即《社会科学认识和社会政策认识中的“客观性”》一文，本书第70页及以后诸页，即《文化科学逻辑领域内的批判研究》一文——译注)和第291页及后面(即《论R.施塔姆勒对唯物史观的“克服”》一文)所作的论述(这些阐述偶尔会有一些不当之处，但这不影响基本观点)，至于在一个重要的问题领域内的某些终极价值判断“无法解决的性质”，可以就教于G.拉德布鲁赫的《法学导论》，第2版，1913年(G. Rudbruch：*Einführung in die Rechtwissenschaft*)。我在某些方面与他的观点不同。但是，它们与这里的讨论没有什么关系。

一点取得一致：某种实际的措施，比如由有产者的钱袋来支付军队扩充的费用，是讨论的前提条件，而唯有实行这种措施的手段才是应该予以探讨的。这常常是非常合乎目的的。但是，人们把这样共同假定的实际目标不是称作"事实"，而是称作"预设的目的"。关于"手段"的讨论立即就会揭明，它事实上有双重意义，即使作为无可争辩而"预先设定的目的"就像当下点燃一支雪茄那么具体。当然，手段则很少需要讨论。与此相反，在目的大体得到阐明的各种情况下，比如在上面所选的例子中，人们几乎都发现，在讨论手段时，不仅每一个人把那误以为明确的目的理解为完全不同的东西。而且特别可能产生这样的结果：追求完全相同的目的的终极理由是极为不同的，而这影响到关于手段的讨论。不过且让我们把它搁在一边。谁也不会想否认，人们可以从某种人所同欲的目的出发，而只讨论能够达到这个目的的手段，并且这种做法可能导致一场纯粹经验解决的讨论。但是，全部的探讨恰恰集中在目的（而不是在给定目的时的"手段"）的选择上面，也就是说，集中在如下一点上：在何种意义上个人所做的"价值判断"可以不被看作"事实"，而是被造成为科学批判的对象。如果这一点把握不准，那么所有进一步的讨论都是徒劳无益的。

我们根本不讨论如下问题：各种实际的价值评判，尤其是伦理价值评判可以要求哪些不同程度的规范尊严，一如我们根本不讨论如下作为例子引入的问题：金发白肤是否比褐发褐肤更惹人喜爱的问题，或者与此类似的主观鉴赏判断。这是价值哲学的问题，而不是经验科学的方法论问题。后者所重视的只是：一方面作为规范的实际绝对命令的有效性，和另一方面经验事实命题的真理有效性，处于绝对异质的问题层面，如果人们无视这一点并且试图把两个领域强行合在一起，那么这两个领域各自的尊严都会给毁了。依我看来，人们经常犯这样的错误，施莫勒教授[①]尤其如此。正是对我们的大师的尊敬，不允许我忽略他那些我以为我所不能同意的观点。

首先我要考虑下面的观点：单单当时通行的价值态度取向的历史的和个人的摇摆这个事实，就可用来向"价值无涉"的支持者证明比如伦理学必然"主观的"特点。即使经验的事实命题也通常是颇多争论的，并且就此而言，人们在是否应把某人看作流氓的问题上能够取得的意见的普遍一致性，要远远高于（甚至在专家中）就一件残碑断刻的解释所能取得的意见的普遍一致性。施莫勒假定，所有宗教团体和个人关于实际价值评判的主要观点的传统一致性日益增长，这与我恰恰相反的印象正好对立。然而在我看来这无关问题的大局。因为，无论如何必须反对的是如下的观点：人们在科学上应当安于有关某种已经广泛地传播的实际价值取向的任何一种自明性，这种自明性是由传统创造出来的。科学的特殊功能在我看来正好相反，对它来说传统的自明的东西都成了问题。施莫勒和他的朋友们在他们那个时代所做的恰是这种工作。人们深入考察某些实际存在的伦理信念或宗教信念对于经济生活的因果作用，并且或许对此予以高度的评价，然而这并不意谓他们因此也就分享了那些在因果上或许颇有成效的信念，甚至也不意谓他

① 见他在《政治科学简明词典》（*Handworterbuch der Sraatswisscrachaften*。第3版，第8卷，第426—501页）中《国民经济学》一文。

们必定认为此种信念是"有价值的";相反,肯定一种伦理的或宗教的现象有很高的价值丝毫也没有告诉我们,这种价值的实现所带来的或会带来的不同寻常的结果也会得到同样积极的价值评价。事实命题对这些问题无所言说,个人一定会依照他自己的宗教价值评判或其他实际的价值评判对它们作出种种大相异趣的判断。所有这一切全然无须论争。相反,我所全力反对的是:一门"实在的"伦理科学,亦即揭示一个群体中当时盛行的伦理信念对他们日常生活条件的影响,和他们的生活条件反过来对于这些伦理信念的影响的科学,自身会产生出一门"伦理学",这门伦理学任何时候都能够揭明应当有效的东西。同样,关于中国人天文学观念的"现实的"描述——它因而说明中国人出于何种实际的动机和他们如何从事天文学研究,他们达到何种结果以及为什么得到那种结果——同样在任何时候都不能达到证明中国人的这种天文学的正确性这个目的。罗马的测量家或佛罗伦萨的银行家(后者甚至拥有巨额的遗产)用他们的方法常常算出与三角学和乘法表不相符合的结果,查明这一点同样也不能引起对三角学和乘法表有效性的怀疑。通过从其某种个人的、社会的、历史的局限性出发对某一价值评判立场进行经验—心理的和历史的研究,人们除了凭借理解来解释它之外,不会得到任何其他的结果。这一点并非是无足轻重的。它之所以必要不仅是为了个人的(但非科学的)附带结果,亦即能够较为容易地公正对待实际上或表面上思想不同的人。而且,对于(1)为了了解其现实的最终动机而对人的行动的因果关系做经验考察的目的,并且(2)当人们和一个(现实地或表面地)与自己的价值评判相左的人讨论时,对于查明实际上正相反对的价值评判立场，它也都具有高度的科学重要性。因为价值讨论的真正意义在于：把握对手（或者甚至人们自己）实际意指的东西，亦即双方之中的每一方都实际地而非表面上依赖的价值，并且因此才能够就这种价值采取一般的态度。认为从要求经验地讨论“价值无涉”的立场出发，价值评判的讨论就是无结果和毫无意义的观点，是与我们完全不相干的，因为关于价值评判意义的认识恰是所有这类有益讨论的前提。这种讨论的先决条件简单地就是理解各种原则上不可逾越的和大相径庭的最终价值评判的可能性。然而，“理解一切”并不意味着“原谅一切”，单是对他人立场本身的理解也根本不导致同意它们。另一方面，这至少可以使人同样容易并且通常极其可能认识到：人们为什么并就什么不能达成一致。但是这种认识恰恰是真理性的认识，而“价值评判讨论”正好有助于这种认识。相反，人们凭借这种方法的确不可能获得——因为它位于恰恰相反的方向——任何一种规范伦理学或一般地任何一种“绝对命令”的义务。确切地说来，每个人都知道：这样的目的至少在表面上早就受到了这类讨论“相对的”结果的妨碍。但是，这当然不是说，人们为此之故应当避免这类讨论。恰恰相反。因为由对其他价值评判的心理“理解”所排挤的“伦理”信念，与由科学知识所毁灭的宗教信仰具有同样大的价值，这种情况当然也是存在的。施莫勒最后断言经验学科“价值无涉”的维护者只可能承认“形式的”伦理真理（显然是在《实践理性批判》意义上），他本可以对此——尽管这个问题对于现在的论题并无干系——稍作详细的讨论。

首先，施莫勒见解中所认为的伦理的绝对命令与“文化价值”——即使最高的文化价值——的一致要予以拒绝。因为有一种观点认为，文化价值是“给定的”，即使在它与任何一种伦理观都发生了不可避免和无可调和的对立的情况下，也是这样。相反，一种拒绝任何文化价值的伦理观也可能没有任何内在矛盾。但是，无论如何，这两种价值范围是不一致的。同时，如果认为像康德伦理学的形式命题那样的“形式命题”不包含任何实质的指示，这便是一个严重(自然是广泛流布的)误解。规范伦理学的可能性的确是不成问题的，尽管存在着它无法从自身给出明确指示的实际问题(我认为，某类制度的、亦即“社会政策的”问题因而以一种特殊的方式属于这些实际问题)，并且尽管更进一步说，伦理学不是世界上唯一“有效”的东西；相反，规范伦理学与其他价值领域并存于世，而这些价值领域的价值在某些情况下只能由那些承担了伦理“责任”的人来付诸实现。这尤其适用于政治行动的范围。依我看来，试图去否定政治行动范围恰好包含的与伦理观的这种冲突倒是显得太软弱了。这种冲突决不是如“私人的”道德和“政治的”道德惯常的对立使人所相信的那样，为伦理的和政治的关系所特有。——让我们来考察一下前面提到的伦理学的“界限”。

“正义”公设的结论属于无法由任何一种伦理学予以明确规定的问题。我们可以举一个几乎完全符合施莫勒所表达的观点的例子：人们是否对于那些成就甚多的人所欠也甚多，或者相反，对于能够成就甚多的人要求也应更多，人们是否应该比如在正义的名义下(其他的角度如必要的“刺激”暂时不予考虑)给卓尔英才以更多的机会，或者相反，人们是否应该(像巴贝夫那样)力图通过严厉的预防措施弭平由不平等的智力天赋造成的不公正，而这种措施就是:那些杰出人才——单单具备如此天赋就能给人以幸福的声望之感而决不利用他们较好的机会谋取私利,——所有这一切都无法通过“伦理的”前提来解决。然而,绝大多数社会政治问题之中的伦理疑难之点都属于这种类型。

但是,甚至在个人行动的领域内,也存在着伦理学依照自身的前提无法解决的极其特殊的伦理基本问题。它们首先包括下面一些基本问题:(a)[①]按照基督教伦理学者所表述的准则:“基督徒公正行事,让上帝来决定行为的结果”,伦理行动的内在价值——“纯粹意志”,或者人们习惯于称呼的“良心”——是否应该足以保证伦理行动的正当性;或(b)当可能的或很可以预期的行动结果取决于行动与非理性的伦理世界的紧密结合时,对这种结果的责任是否应予考虑。在社会生活中,所有激进的政治革命态度,尤其是所谓的工团主义,都从第一个设定出发,而所有“现实政治”都从第二个设定出发。两者都依赖于伦理准则。但是,这些准则彼此处于永恒的矛盾之中,而凭借纯粹以自身为根据的伦理学的手段这个矛盾是根本无法解决的。

这两种伦理准则具有严格的“形式的”特点,在这一点上它们与《实践理性批判》的著名公理相类似。大多数人都认为,由于这种形式主义的特点,《实践理性批判》的公理完全不包含有关行动评价的实质性的指示。然而正如我们所说,情况并非如此。我们有意举出一个尽可能远离一切“政治”的例子,它或许能够说明,这类伦理学常被讨论的“单单形式的”特征究竟有什么意义。如果一

① 此处(a)及下面的(b)为译者所加。——译注

个人在谈及他与一位妇女的性爱关系时说道：“起初我们双方的关系只是激情而已，现在它已经是一种价值了”，——那么康德伦理学冷冰冰的实事求是的精神会这样来表述这个句子的前半部分：“起初我们彼此只是对方的工具”，并因而宣称整个句子是那个著名原则的特例。人们一直奇怪地乐意把它看作“个人主义”在纯粹受当时历史限制下的表达，而实际上它是对人们恰恰必须正确理解的道德状况无法测量的多样性的极其天才的阐述。在其否定的形式中，以及在排除了所有有关下述问题——即什么会是那种把他人“仅仅当作工具”的伦理上应予否定的做法的积极对立面——的说法的情况下，它很显然包括(1)承认在伦理学之外独立自存的价值领域，——(2)划定伦理学领域与这些其他领域的界限，——最后(3)确定那种致力于伦理之外的价值的行动仍然保有不同程度的伦理等级，以及在何种意义上发生这种情况。事实上，那些容许或规定把其他的价值领域“只当作工具”对待的价值领域，与伦理学相比是极其不同的。这一点在这里不可能作进一步的阐述，但是，无论如何它表明了，那种高度抽象的伦理命题“形式的”特点与行动的内容不是毫不相干的。——但是，问题甚至还要复杂一些。依据某种立场，由“无非激情而已”一词表达出的否定判断本身，可以被看作是对生活中最本真最根本的东西的亵渎，对无论如何是摆脱非人的或超人的因而敌视生活的“价值”机械体制、摆脱日常生活的沉闷刻板的拘束，以及摆脱对不现实的东西“期待过高的”自负的唯一堂皇之路的亵渎。总而言之，我们可以设想下面一种观点的形成，它——虽然鄙视把“价值”一词用于它所指的经验的具体事实——可能构筑一个领域，这个领域尽管对一切神圣的生活和善良，对一切伦理的和审美的法则，以及对一切文化的意义和人格价值评判，持一种同样敌意的或漠不关心的态度，它仍然并且正因为如此会要求自身——在“内在的”一词最极端的意义上——“内在的”崇高地位。无论我们对于这种要求取什么样的态度，它仍然是无法用任何“科学”的方法来证明或“驳斥”的。

正如老米尔(Mill)所注意到的那样，对于这类情形的一切经验主义的考察都将导致承认绝对的多神论为唯一适合于它们的形而上学。一种并非经验的而是意义解释的考察，亦即一种真正的价值哲学如果要超越这种情况而深入展开，就不能不进一步承认如下一点：一个安排得无论如何秩序井然的“价值”概念图表也无法正确地处理这个事实的决定性的要点。它所涉及的从来不是也决不会是各种价值之间的选择，而是诸如“上帝”和“魔鬼”之间的无可调和的殊死斗争。在这类对立之间，不存在相对化和妥协。至少，在它们的本来意义上是不可能的。因为正如每个人在生活中所经历的那样，在事实上和在外在现象上处处有相对和妥协。几乎在现实的人的每一个个别的重要态度里，各种价值领域确实都互相交错和渗透。“日常生活”的肤浅在此词的最根本的意义上恰恰就在于：那些混世于其中的人没有意识到，首先是完全不想去弄清楚：诸种誓不两立的价值这种部分地受制于心理、部分地受制于教条的混合；他们避免在“上帝”和“魔鬼”之间做出抉择，避免做出自己的最终决定：各种对立的价值之中的哪一种由一种价值来支配，哪一种由另一种价值来支配。对于闲逸自满的人来说，令人厌烦而又无可回避的知识大树的硕果，无非就是如此这般：必须认识和看到：每一个重要的活动，以及最终作为一个整体的生活，如果不允许像自然事件那样进行，而是应当有意识地予以引导，那么它们便是一系列的终极决定，灵魂通过如此的系列——如柏拉图所说——选择了自己的命运，亦即活动和存在的意义。价值冲突的代言人经常遇到的最粗暴的误解是将这种立场解释为“相对主义”——也就是解释为一种生活观，这种生活观的基础，乃是有关各个价值领域之间关系的根本对立的观点，并且它（以前后一贯的形式）只是在一种极其特殊地形成的（“有机的”）形而上学基地上才能得到有意义的贯彻。

如果再回到我们的特例上来的话，那么在我看来可以毫无疑义地断定：一旦试图从实际—政策的（尤其是经济—政策和社会—政策的）价值评判的范围推论出价值行动的指示，那么只有（1）不可避免的方法，（2）不可避免的附带后果以及（3）以前二者为条件的多种可能的价值判断在实际结果方面的竞争，才是经验科学以自己的方法所仅仅能揭明的东西。哲学的各个学科能够用它们的思想手段更进一步地阐明价值评判的“意义”，以及它们基本的意义结构和有意义的结果，能够指明它们在一般可能的“终极”价值总体之中的“位置”，划定它们有意义的作用范围。但是，一种目的应在多大的范围内尊重不可避免的手段，或者应在多大的范围内容忍作为回报而非所愿的附带后果，或者处于具体对立之中的种种人所向往的或被强加的目的之间的冲突应该如何调解，诸如此类的简单问题甚至都事关选择和妥协。能够在这里作出决定的那么一种（理性的或经验的）科学的处理方法并不存在。我们严格的经验科学最不宜妄称它可以免除个人的这类抉择，它也不应该给人造成它能够这样做的印象。

但是，最后应当清楚地注意到，对于我们的学科来说，承认这种情况与就前面极其简明的关于价值理论的阐述所取的态度是毫不相干的。——因为毕竟没有一种逻辑上站得住脚的观点，人们能够据以否定这种情况，而通过教会的教条已明确规定了的价值的等级秩序则属例外。我无须考虑，是否确实有人断言：(a)①一个具体事件是否这样或那样发生？(b)为什么上述事件是这样而非那样发生？(c)按照实际现象的规则，一个既定的事态之后是否总是跟随着另一个事态，以及它的概率有多大？——这类问题按其本意与后面一些问题应无根本的不同：(a′)人们在一个具体的境况中实际上应该做什么？(b′)依照什么观点那种境况能够显得是令人满意的或不令人满意的？(c′)是否存在着一种——无论形式如何——上述立场可以从其中推演出来而能够一般地表述出来的命题(公理)？——或者进一步断言(a)一个具体地给定的现实境况(或一般地说，某种无论怎样充分地得到规定的境况)是不是有可能将向哪一个方向发展，以及有多大的可能向那个方向发展(确切地说，通常典型地发展)和(a')人们是否应该去影响某种境况向某一方向——而不论它自己是否有这种可能，也不论向恰好相反的方向或任何其他方向——发展？——这两个问题也没有什么差别；最后，或断言下述两个问题之间也没有区别：(a)一些特定的个人或数量不定的一些个人在某种情况下对任何一类问题将有多大的可能性(或甚至必定)构成何种观点？和(a')这种可能产生或必定产生的观点是否正确？——我也无须考虑，他们是否断言：

① 本段(a)、(b)、(a′)等序号为译者所加。——译注

这些成对的问题双方之间甚至起码在意义上是相互有关的；它们实际上如所一再断言的那样是“彼此不可分”的；前面这种断言与科学思想的要求是不相矛盾的。是否与此相反，一位作者承认了两类问题的绝对异质性，但仍然自己要求：在同一本书、在同一页，甚至在同一个句子的主句和从句中，既对上述两类异质问题的一类发表意见，又对另一类也发表意见，——这是他的问题。所能期望于他的仅仅是，他不是故意（或甚至有意暧昧其词地）在这类问题的绝对异质性上面欺骗读者。我个人认为，只要适合于避免混乱，没有哪种手段会是过于迂腐的。

关于实际的（甚至讨论参与者的）价值评判的讨论只能有如下的意义：

（a）详尽阐明种种最终的、内在“一致的”价值公理，而各种彼此对立的意见皆出自于其中。不仅人们对对手的评价，而且对自己的评价也常常犯错。这个过程本质上是一项从个别的价值评判和对其意义的分析出发，然后一直上升到最一般的价值态度的运算。它不使用经验科学的方法，不产生任何事实的知识。它像逻辑一样“有效”。

（b）当人们把而且只把这种终极价值公理作为关于事实情况的实际价值判断的基础时，为价值评判的态度而演绎自某些终极价值公理推论出来的“结论”。这种演绎的意义纯粹依赖于论证，与此相反，受经验的确定的制约，目的在于最大可能穷尽地分析经验的境况，后者可能一般为了实际的价值评判而被考虑。

（c）对现实结果的确定，由于（1）受到某种不可避免的手段的制约，由于（2）某些并非直接所欲的附带后果，实际地贯彻某种实际的价值评判的态度必定会使这个结果成为一个问题。这种纯粹经验的确定能够得出如下结论:(1)绝对不可能贯彻价值公设,即使略微近似的贯彻亦不可能,因为贯彻它的途径尚未指明;(2)完全或近似贯彻这种价值公设的或大或小的相当的不可能性,无论是出于同样的原因还是存在着产生非所欲的附带后果的可能性,这种可能性直接地或间接地宜于使这种贯彻变得无用;(3)容忍这类手段或这类附带后果的必要性,上述实践公设的维护者并未想过这一点,因而他在目的、手段和附带后果之间所作的价值决定成了他自己的一个新问题,失去了对于其他问题的强制力量。——最后,为此

(d)一些新的价值公理以及从中推论出来的公设能取而代之。而实践公设的代言人并未考虑过这些公理和公设,所以也就没有就此表明自己的态度,尽管贯彻他自己的公设,与贯彻其他人的公设,或在(1)原则上或(2)因为实际的结果相冲突,亦即或在意义方面或在实际上相冲突。在情况(1)中,在进一步讨论时所涉及的是(a)类问题,而在情况(2)涉及(c)类问题。

这类价值评判的讨论远非是"无意义"的,在我看来,只要它们的目的得到正确的理解,它们就有相当巨大的意义。

在正当的场合和在正确的意义上所进行的实际价值评判的讨论的益处,是决不会与它所能产生的这样的直接"结果"一起穷尽的。相反,如果讨论得当,它就会对经验研究产生极其深远的重要影响,因为它给后者提出了需要探讨的问题。

经验学科提出的问题从学科本身这方面而言当然应以"价值无涉"的方式予以答复。它们不是"价值问题"。但是在我们的学

科领域内，社会科学问题的提出受到实在“与”价值的关联的影响。有关“价值关联”这个短语的意义，我必须援用我以前的文字并首先引用海因里希·李凯尔特(Hcinrich Rickert)有名的著作。这里就没有必要重述。所要提醒注意的只是，“价值关联”这一短语只意味着关于特殊的科学“兴趣”的哲学解释，而这种兴趣支配着经验研究对象的选择和形成。

在经验研究的范围内，“实际价值评判”无论如何决不可能通过纯粹的逻辑事态被确认为正当。但是，那种逻辑事态与历史经验一起表明，文化的亦即价值的兴趣给纯粹经验科学的工作指引了方向。价值讨论在其实例的分析中能够具体地展开，这一点现在是清楚的。对于科学工作者，尤其对于历史学者来说，它们能够在很大程度上免除，或无论如何能够减轻他们本来的经验研究中极其重要的准备工作，即“价值解释”的任务。因为价值评判与价值关联，以及价值评判和价值解释(亦即揭示对于某一既定现象的各种可能有意义的态度)之间的区别常常是不清楚的，特别是由此而来的模糊性妨碍了对历史中原本的逻辑关系的评估，所以我建议读者参阅本文集第 246 页以下的评论[①](不过，这些评论也不能被看作是结论性的)。

我不再重复阐述这些方法论的基本问题，而打算代之以更加深入地讨论一些对我们的学科有实际重要性的个别要点。

人们应该，或者无论如何能够从“发展趋势”中推导出实际价

---

① 原出处:《社会科学和社会政策文献》，第 22 卷，第 168 页。(即本书之《文化科学逻辑领域内的批判性研究》，参见本书第 102 页及以下诸页。——译注)

值评判的指示，这是仍然广泛流传的信念。但是，甚至从如此明确的“发展趋势”之中获取行动的明确的绝对命令，也只是在涉及按照既有的基本态度大致合适的手段时，而不是涉及那个基本态度本身时，才有其可能性。自然，在这情况下，“手段”的概念是就其最广泛的意义来理解的。如果国家的权力利益在某个人看来是最终目的，那么根据现在的形势，他很可能把专制主义的或激进民主的宪法看作是（相对）合适的手段。把在对国家目的体系作价值评判时一种可能的变化看作用于“最终”态度方面变化的手段，应是极其可笑的。但是对于个人来说，显然如前面所说，他总是面临一个再三出现的问题：他认识到一种明确的发展趋势，而这种趋势以运用新的、在他看来可能在道德上或其他方面成问题的手段为实现他的目的的条件；或者它以他断然拒绝的附带后果的回报为条件；或者它会使他的劳作在成功的机会方面，必定会显得像堂·吉诃德的努力一样徒劳无益，有鉴于上述情形他是否应该放弃实现自己的实际价值评判的希望。——但是，对于这种或多或少变得颇为棘手的“发展趋势”的认识决不是一个特例。**每**一个新事实都必然要产生在目的与手段、所欲的目标与无可避免的附带后果之间协调平衡的问题。但是，是否应该进行这样的协调以及由此应该得出何种实际的推论，不仅不是经验科学所能回答的问题，而且如上所说的那样，**不是任何**科学所能回答的问题。譬如，一个人不管可以多么详尽地向虔信的工团主义者提供证明：他的行动在社会上是“无用的”，也就是说，他不能指望成功地改变无产阶级的外在地位，甚至这种行动由于其必然引起的“抵触”情绪而使他们的地位变得更加恶劣，他对于工团主义者——如果他确实相信他的观点的最终结果的话——仍然什么都没有证明。而且情况之所以如此，并不是因为他是精神病患者，而是因为出于他的立场，他可能是“正确的”。对此我们立刻予以讨论。总的来说，人们十分强烈地倾向于使自己在内心适应可望成功或立即成功的东西，不仅——这是不言而喻的——在他们致力于实现自己的最终理想时所用的方法方面和所达到的程度方面是如此，而且在放弃这种理想本身时也是如此。在德国，人们认为可以用“现实政治”[①]这个名词来修饰这种做法。无论如何很难理解，为什么经验科学的代表应该觉得有必要支持这种做法，而同时他们把自己弄成时下“发展趋势”的喝彩奴，使对这种趋势的“适应”——出自于最终的，仅仅在个别情形下由个人解决且也高于个人良心价值问题——成为据说由“科学”的权威蒙饰起来的原则。

在正确理解的情况下，说成功的政治总是“可能性的艺术”，这是妥帖中肯的。但是，同样正确的是，可能的东西通常只有通过把握那存在于它背后的“不可能的东西”才能实现。我们文化的特殊性大约或多或少得到了我们大家——尽管有其他种种的差异（主观的）——积极的尊重，它们毕竟不是由唯一实际上前后一致的、“适应”可能情况的伦理观，即儒家的官僚道德创造出来的。我想我至少懂得无法以科学的名义使一个民族系统地消除这样的观点，即如我们早已说过的：行动的“信念价值”与其“结果价值”同等重要。但是无论如何，无视这种事态则妨碍我们对现实的理解。让我们再举前面援引的工团主义者作为例子。仅用“结果价值”来

① Realpolitik，指从可能性出发，放弃抽象的纲领和理想、目标的政治。——译注

"批判"一种行动，在逻辑上是毫无意义的，因为这种行为——如要前后一贯——必定采用"信念价值"作为准绳。真正彻底的工团主义者将仅仅给自己保留一种对他来说具有绝对价值的和神圣的信念，并且只要一有可能，就去唤起他人心中的同样的信念。他那外在的、从一开始就注定毫无成效的行动有这样一个最终目的，在他内在的论坛之前给自己提供这样的确信：这种信念是真正的，也就是说有力量在行动中"证明"自己，而不只是自以为是的夸夸其谈。对于这个目的来说，事实上存在着这种行动（或许）唯一的手段。除此之外，——如果他的态度是彻底的话——他的王国如同任何信念伦理的王国一样，不属于这个世界。"科学的东西"只是让自己确定如下事实：关于他的内在理想的这种理解是唯一内在一致的理解，无法用外在的"事实"来反驳。我以为，工团主义的支持者和反对者都因此而得到了帮助——而且这恰是他们有权利要求科学提供的帮助。利用七条理由支持和六条理由反对某一事件（比如：一般的罢工）的"一方面—另一方面"，以及利用古代财政学和现代中国上书的方式来对这些理由进行权衡，在我看来不会在任何一种一如既往地形成的科学的意义上得到收获。把工团主义的立场归结为它可能最合理的和最内在一致的形式，以及确定它形成的经验条件，有利的机会和合乎经验的实际结果，做到这一步，那么对工团主义分析中至少价值无涉的科学任务其实就完成了。人们是否应该成为一名工团主义者这样的问题，倘无非常确定的形而上学前提，是决不可能进行论证的，而这些形而上学的前提在这种情况下，是不可能由任何一种一如既往地形成的科学来证明的。一位军官宁愿把自己与阵地一同炸为灰烬而不愿投降，在具体情况下根据其结果来衡量，这从各方面看可以说是毫无用处的。但是，那种不问效用而做成这个行动的一般信念存在与否，却不是无关紧要的事情。无论如何，这种行动与前后一致的工团主义者的行动一样，都不是"无意义的"。如果居于舒适的学术高座之上的教授想要推荐这种加图主义（Catonismus），那么这自然就会显得极不适当。但是，这毕竟也不是要求：他去颂扬相反的信念，并将使理想适应于那些恰恰由时下的发展趋势和形势所给予的机会当成自己的职责。

这里我们再次使用了"适应"这个表述，在此间的行文里它的意思是完全不会令人误解的。但是，事实上它有两层意义：最终态度的手段适应于既定的形势（狭义的"现实政治"），或者在从种种一般可能的最终态度本身中进行选择时，适应于各种既定形势中一种当时现实的或想象的转瞬即逝的机会（这就是我们的政府二十七年来〔1890〕一直遵循而取得如此引人注目的成就的那种"现实政治"）。但是，它可能的意义的数量也并不因此就穷尽了。出于这样的缘故，在我们所有关于"价值评判的"问题和其他问题的讨论中，最好把这个多有误用的概念整个地分别出来，这在我看来是不无益处的。因为作为科学论证的术语，它完全是含糊不清的，尽管它既一再用于"解释"（在特定时期中某些社会团体的某些伦理观的现实存在），又一再用于价值评判（例如，那种被看作客观"合适的"因而客观地"正确"和有价值的实际存在的伦理观）。在如此这般的这种用法中，它并没有产生什么结果，因为它在具体的行文中总是需要解释。它来源于生物学。如果在生物学的意义上它实际上被理解为社会团体利用由环境提供的、相对可确定的机会，通过繁殖而保存自己心理的和肉体的遗产，那么，根据众所熟知的出生统计资料，那些比如经济上供给富足、生活上安排合理无差的社会阶层是“最无适应能力的”。少数在摩门教移民之前就生活在盐湖地区的印第安人在生物学的意义上——也在其他许多可以设想的现实而纯粹经验的意义上——与后来众多的摩门教移民一样或好或歹地“适应”周围的条件。我们的理解并不由于这个概念而在经验上得到哪怕极其微小的改善，尽管我们容易误以为它有这样的作用。就如早就应该在这里说明的那样，只是就两个其他方面都绝对一致的组织，人们才能够说：一种具体的个体差异事实上规定了两个组织中的一个“更适宜”继续生存，并在这个意义上规定了后者“更适应于”特定的条件。但是，至于说到价值评判，某个人可以站在这样的立场上：摩门教徒给那里带来的以及在那里发展起来的巨大的物质的和其他方面的成就和特点，是他们优于印第安人的明证；而另一个人由于无条件地拒绝那种至少促进了这些成就的摩门教的伦理手段和附带后果，可以偏爱甚至连印第安人的踪影也没有的草原，自然也完全可以偏爱印第安人在草原上的浪漫生活。无论哪一门一如既往地形成的科学都不可能妄称可以改变他的观点。于是我们在这里已经涉及无法解决的调和目的、手段和附带后果的问题。

只有在依照绝对明确地给定目的而考虑实现目的的恰当手段的情况下，真正可以经验地解决的问题才会出现。命题：x 是实现 y 的唯一手段，事实上是命题：y 是 x 的结果的逆命题。但是，无论如何，“适应”这个概念（以及所有其他相关的概念）并没有就作为其基础的价值评判给出——这是最主要的——些微的指示，它反而——在我看来，比如就像新近为人喜用而基本意义含混的"人类经济学"（Menschenökonomie）——掩蔽了这种价值评判。根据人们对这个概念的运用，在"文化"的范围内，要么一切都是"适应的"，要么没有什么是"适应的"。因为斗争是无法从一切文化生活排除出去的。一个人可以变更他的手段、他的对象，甚至他的基本方向和他的支柱，但无法取消它们。这种斗争可以不必是为了外在事物而引起的与敌人的外在斗争，而是为了内在的美德而在彼此相爱的人之间引起的内在斗争，因而它不是外在的强制，而是内在的控制（以情欲的或仁慈的爱的形式），或者它就是个人心灵深处自己与自己的内在斗争。——它不断出现，并且它愈少受到注意，它的过程愈是取一种毫无棱角的或自满的容忍的形式，或虚幻的自我欺骗的形式，或愈是以"选择"的方式进行，它所产生的影响常常就愈大。"和平"并不意味着其他，而只意味着斗争形式的变动，或斗争对手的变动，或斗争内容的变动，或选择机会的变动。这样的变动是否以及何时经得起伦理的或者其他的价值判断的检验，显然完全无法说出个一般的特征来。只有下面一点是毫无疑问的：如果人们想对每一种社会关系的一般秩序作出评价，那么对于它们的考察毫无例外地最终都要检视：它们给哪类人提供了通过外在的或内在的（动机—）选择上升到统治地位的最理想的机会。因为一方面经验的研究实际上是没有穷尽的，另一方面支持一般价值评判的必然的事实基础也并不存在，而不论这些价值评判是主观上意识到的，还是要求有客观有效性的。这种事实情况至少应当由不少认为可以利用无歧义的"进步"概念确定社会发展的同行们记在心里。而以上所述把我们引向了对这一重要概念的进一步探讨。

如果人们将“进步”这个概念与某种具体的、被孤立地考察的“进展”等同起来，他自然就能绝对价值无涉地运用它。但是，在相当多的情况下，实际的事态要远为复杂。我们这里考察几种来自不同领域并有价值问题深深地卷入其中的情况。

在有关我们内心行为的非理性的、直觉的和情绪的内容的范围内，可能的行为方式的量的增长和——通常是与之密切相关的——质的多样化，能够以价值无涉的方式而被描述为心灵分化的进步。但是，价值概念也立刻包含在其中了：一种具体的“心灵”或——早已是一个颇为含糊的结构——一个“时代”的“疆域”或“能力”的拓展（齐美尔的《叔本华和尼采》一书就是这样）。

毫无疑问，事实上当然存在着这种“分化的进展”。但是，必须承认，它不像人们相信它的存在那样，是一直实际地存在着的。当代日益增长的对感情色彩的注意——它的出现，一方面是各个生活领域的日益增长的合理化和理智化的结果，另一方面是个人给他自己所有的（乃至最无足轻重的）生活行为所赋予的主观重要性日益增长的结果——非常容易导致分化增长的假象。这种注意既指示着也促进了分化的增长。但是，假象易使人蒙受欺骗，并且我承认，我可以估算出欺骗所及的实际范围颇为广大。无论如何，事态总是存在的。人们现在是否把正在演进的分化称作“进步”，是一个术语便利与否的问题。但是，人们是否应该评价它为“内在财富”增长意义上的“进步”，则是任何经验科学都无法作出决定的。因为，经验科学对下面一个问题是无法置喙的：新出现的或上升为意识的情感的各种可能性以及可能与此相关的种种新的“紧张”和

“问题”，是否应当被看作为“价值”。但是，无论谁想对这类分化事实采取价值评判的立场——经验科学的确无法禁止人们这样做——并且为它寻求立足点，那么，当代的一些现象自然就会向他提出问题：现在，这种进程，在其一般远非只是知识化的假象的范围内，它需“付”的代价有多大。我们不应该忽略如下事实：追求“体验”——实为今日德国极盛之时尚——可能在相当大的程度上是精神力量衰弱而不堪内在地承受日常生活的结果，个人日益觉得有必要赋予他的“体验”的那种公开性，或许可以看作是隐私感的失落，因而是个性感和尊严感的失落。无论如何，在主观体验的价值评判领域里，“分化的进步”与“价值”增长之间的一致首先只是就如下的意义来说的：日益被意识到的体验，或增长着的表达能力和交往能力的恢廓乃是一种理智化。

至于“进步”概念（在评价的意义上）在艺术领域的适用性，情况就要复杂一些了。艺术不时引起热烈的争论。依据它被指的意义，或正确或不正确。仅仅满足于“艺术”和“非艺术”互相排斥的对立的价值评判式的艺术研究是不存在的。这种研究不会考究尝试和实现之间的区别，各种不同的实现的价值之间的区别，也不会考究完全的实现和在某一个别观点或一些个别观点上，甚至在一些要点上有失误而又并非全无价值的实现之间的区别，而且它不仅对待具体的创作愿望是如此，对待整个时代的艺术愿望也是如此。用于这样的事实情况的“进步”概念，由于通常与纯粹的技术问题相关，所起到的作用是很平常的。但是，它本身并不是无意义的。对于经验的艺术史和经验的艺术社会学来说，问题就大不一样了。在前者，把艺术作品的美学价值评判为有意义的实现，这种意义上的艺术进步是不存在的。因为凭借经验的研究手段不可能导致这样的价值评判,它完全不属于经验研究的任务。相反,经验的艺术史只能运用技术的、合理的、因而明确的"进步"概念,同时必须较为详尽地谈论它,而它对于经验的艺术史的可用性来自如下事实:它将自己完全局限于确定那样一种技术手段,某一种艺术愿望为了一种给定的目的运用了这种手段。人们易于低估这种严格节制的考证在艺术史中的影响,或者在某种与时髦的、无足轻重和虚构臆想的"专家阶层"有关的意义上对它产生误解;因为他们声称,在揭开艺术家画室的帘幕,检查了他外在的表现手段和他的"手法"之后,便已经"理解"这位艺术家了。得到正确理解的"技术"进步确实属于艺术史的范围,因为正是它以及它对艺术愿望的影响,包含了那种在艺术发展的进程中可以纯从经验的、亦即非美学价值评判式地确定的东西。让我们引用一些例子以便阐明实际的文化史中"技术的"一词的真正含义。

哥特式风格的出现最初是在技术上成功地解决了某种室内拱顶建筑问题的结果,即在制作用于支撑交叉拱顶、拱梁的拱座的情况下,寻求技术上最佳效果的问题。这个问题牵涉到的一些细节,这里将不予讨论。相当具体的建筑问题大概已解决了。以这种方法可以营造某种非方形的穹顶这样一种认识,唤起了先前和或许迄今尚未认识的建筑师的昂扬热情,而新的建筑风格的发展得归功于他们。他们技术上的合理主义完全彻底地贯彻了新的原则。他们的艺术愿望利用这个原则作为实现当时尚未料及的艺术任务的手段,并且使雕塑走上"形体感"的道路,而"形体感"起初是由建筑学的新的空间和平面的构造引发出来的。这种最初以技术为前提的变革与某些在相当大的程度上以社会和宗教历史为条件的感情内容之间的冲突，就为哥特时代的艺术创作正在处理的问题提供了那种材料的基本要素。当艺术史和艺术社会学的研究揭示了新风格的事实、技术、社会、心理的条件时，它就完成了它纯粹经验的任务。但是，它既不在与罗马风格或文艺复兴时期风格——在它自身这一方面，它非常明确地集中在半球形屋顶的技术问题，此外还集中在也受到社会学条件制约的建筑艺术任务范围的变动——的关系中来“评价”哥特式风格，也不从美学方面——只要它依然是经验艺术史——“评价”个别的作品。确切地说来：对于艺术作品的兴趣和对这些艺术作品与美学相关的那些个别特征的兴趣因而它们的对象，是与经验艺术史不同的，它们的先天性来自于完全无法由经验艺术史及其方法确定的美学价值。

音乐史的情况也与此相类似。就现代欧洲人的兴趣观点（“价值关联”）而论，它的中心问题应该是：为什么源于民间广为流行而且发达的复调音乐的和声音乐的发展只产生于欧洲某一特定的时期，而所有其他的音乐合理化选择了另外的并且通常正好相反的方向：通过距离的划分（大部分是四度音程）而不是通过和谐的划分（五度音程）达到的音程的发展。所以，三度音的出现问题在和声学的意义解释方面处于中心的地位：作为三和弦的单元，并且进一步：和谐的半音音阶问题，更进一步：还有现代音乐的节奏（重轻节拍）问题——而不是纯粹节拍器奏节拍——，没有这类节奏，现代器乐音乐是不可想象的。这里再次从根本上涉及纯粹技术上合理的“进步”问题。因为新近发现的欧里庇得斯（Euripides）残稿中用于热情诗律的古代半音（显然是等音）音乐表明了下面一个事实：比如半音音乐远在和声音乐之前就以描写“热情”的手段而闻名了。文艺复兴时期伟大的音乐实验者在寻求新发现和为了给音乐以“热情”的形式而所做的猛烈而合理的努力中创造了半音音乐。那种古代的半音音乐和这种半音音乐之间的区别，不是在于艺术家的表达愿望方面，而是在于表达的技术手段方面。而技术上的新颖之处则在于：这种半音音乐发展成为我们和声中的音程，而没有成为希腊式旋律的二分之一和四分之一音程。它之所以能如此发展的原因又在于事先解决了一些技术问题。首先是合理记谱法（没有它，现代作曲不可想象）的创造；而且在这之前，还发明了某些从和声学上来规定音乐音程所急需的乐器，尤其是创造了合理的复调音乐的声乐。在中世纪早期，欧洲西北传教地区的僧侣们对这些成就作出了主要的贡献，他们并没有想到他们行动的日后影响，他们为了自己的目的使流行的复调音乐合理化，而不是像拜占庭的僧侣那样，听任他们的音乐由希腊人传授的旋律学来调整。西方基督教教会的内在状况和外在状况那种完全具体的及受到社会的和宗教历史的条件制约的特征，使得这些本质上是“技术”性质的音乐疑难问题，能够从仅为西方僧侣所特有的合理主义中产生出来。另一方面，接受舞蹈节奏，即表现在奏鸣曲中的音乐形式之源泉，并使之合理化，是以文艺复兴时期的某些社会生活方式为条件的。最后，现代音乐发展的最重要的技术用器之一，即钢琴的发展以及它在市民阶级中的流行，其根源在于北欧地区文化的特殊的室内特点。所有这些就是音乐技术手段的进步，并对音乐史发生了决定性的影响。经验的音乐史能够和必须阐明历史发展的这些因素，而不是首先从自身这方面对音乐艺术作品作出美学的评价。按照美学标准来衡量，技术"进步"通常首先产生极不完善的成果。兴趣指向，即应予以历史解释的对象，是通过它的美学意义外在地提供给音乐史的。

在绘画领域内，韦尔夫林（Wölfflin）《古典艺术》论述问题时的高雅谦逊是经验研究不凡能力卓尔出群的例子。

某种特别"先进"的技术的运用，对于艺术作品的美学价值没有哪怕一点儿揭示。那些甚至只有如此"原始"技法的艺术作品——比如毫无透视知识的绘画——在美学上面可以与另外一些运用合理技法创作的最完美的作品绝对地平分秋色，其前提是艺术家的愿望只限于这类"原始"技术足以顶事的创作。新的技术手段的发展首先只是意味着分化的增长，并且仅仅提供了在价值提升意义上增加艺术"财富"的可能性。事实上它经常产生"削弱"形式感的相反效果。但是，从经验和因果的方面来考虑，"技术"（在这个词的最高意义上）的变化是艺术发展中可一般地确定的最重要的因素。

不仅艺术史家，而且一般的历史学家都常常宣称，他们既不容许被剥夺作出政治的、文化的、伦理的、美学的评价的权利，而且取消这些评价便不能完成他们的工作。方法论既无力量也无企图去向谁指明他应在一部文学作品中表明什么。它声称它的权利只在于确定：某些问题具有彼此异质的意义；它们彼此混淆的结果是讨论时彼此不理解而离题万里；无论运用经验科学的还是逻辑的工具，对某一问题的讨论如有意义，那么与此相反对于另一个问题的同样讨论便是不可能的。这里也许可以补充一个不需现在就作出证明的观察到的一般事实：对历史研究的仔细考察极易表明，当历史学家开始作“价值评判”时，义无反顾地遵循经验的—历史的因果链条的做法，最终几乎毫无例外地因科学结论带来的危害而中止了。于是，他冒险地将那种或许与他不同的行动理想的结果解释为“错误”或“堕落”的结果，这样他就没能完成他最根本的任务：“理解”。误解可从两方面的原因来解释。第一个原因来自下述事实，为了继续关涉艺术，除了一方面纯粹美学的评价研究，另一方面纯粹经验的和因果归源的研究以外，还可以通过第三种研究即价值解释的研究来把握艺术实在。有关最后一种研究的性质，本文已在前面作过讨论，这里不再赘述。毫无疑问，它有特殊的价值，并为每一个历史学家所必不可少。同样毫无疑义的是，艺术史著作的普通读者所期求的也正是这样的阐述。但只是，就其逻辑结构而论，它与经验的研究迥然有别。

然而，谁想在即使是纯粹经验的艺术史的研究上有所成就，谁就需要有“理解”艺术产生的能力，不言而喻，倘无美学判断力，又倘无评价的能力，这是不可想象的。对于政治史学家、文学家、宗教或哲学史学家，情况自然也都一样。但是，显然就和上面说过的那样它与历史研究的逻辑结构了无关系。

这个问题稍后再来讨论。我们这里只想澄清下面这个问题：除了美学的评价以外，人们能够在什么意义上谈论艺术史上的“进步”。事实表明：这个概念具有技术的和合理的以及意指适用于艺术目的的手段的意义，而实际上这种意义恰恰在经验的—艺术史的方面具有重要性。现在是我们在“合理的”进步这个概念特有的领域里来考察它和按照它的经验的和非经验的特点来研究它的时候了。因为上面所说的只是极为普遍的现象中的一个特例而已。

文德尔班界定他的《哲学史》[①]主题（“欧洲人用科学的概念具体地表现他们世界观……的过程”）的方式，为他在自己卓越的工作中运用得自于文化价值关联的特殊“进步”概念（这里吸收了其在15—16页上的结论[②]）提供了条件。进步的概念，一方面显然决不可用于任何一种哲学“史”，但是另一方面，如有相同的文化价值关联的基础，它不仅用于哲学史和任何一种科学的历史，而且——与文德尔班的观点不同[③]，——一般地用于每一种“历史”。然而，在下面的论述中，所谈及的只是在社会学和经济学之中发挥作用的合理的“进步”概念。我们欧洲—美国的社会生活和经济生活是以一种特殊的方式在一种特殊的意义上“合理化”了的。解释这种合理化和建立与此相符的概念是我们学科的主要任务之一。与此相关，我们在艺术史的讨论中已经触及但暂且搁置的问题又重新出现了：当我们把一系列事件称为“合理的进步”时，究竟要表明什么。

这里又出现了“进步”概念在下面诸种意义上的混淆：(1)单纯分化着的“进展”，(2)进展着的手段的技术合理性，最后(3)价值提升。首先，主观的“合理的”举措与合理“正确的”行动，即按照科学知识运用正确手段的客观行动并不一致。相反，它本身只是意谓，主观的目的有计划地指向被认为对于某一既定目标乃是正确的手段。进展中的行动的主观合理化在客观上也并不必然是朝向合理

① 这里提到的《哲学史》，中文本译作《哲学史教程》（商务印书馆，1987年），下面引文见此译本第18页。——译注

② 同上，中译本第27—29页。——译注

③ 同上，见第17页第三段。——译注

的“正确”行动的“进步”。例如，人们像处理物理学那样使巫术系统地“合理化”了。他们自己所理解的首选的合理疗法意谓几乎完全鄙弃草药和汤药对经验症状的治愈，而这些草药和汤药经过纯粹经验方式的检验是有助于驱逐疾病（误以为）“真正”（神秘的、魔力的）原因的。它在形式上也具有与现代疗法的许多重要进步完全相当的合理结构。但是，我们不能，相对于那种从经验得来的知识，把这种神秘的方术之士的疗法评判为朝着“正确”行动的“进步”。另一方面，在运用“正确的”手段方向的每一项“进步”完全不可能通过在第一层的主观合理意义上的“进展”而取得。主观方面进展着的合理的行动导致客观上更“合目的”的行动，这只是一种具有许多可能性和具有（各种较大的）可预期的概率的情况。如果在个别情况下，命题：措施 X 是达至结果 Y 的（我们设定：唯一的）手段——这是一个经验的问题，并且是 Y 为 X 的结果这个因果命题的简单反命题——是正确的，如果这个命题——它同样也是可经验地确定的——由人们有意识地用于指向以结果 Y 为目的的行动，那么它的行动是有“技术上正确的”指向的。如果人们（无论何种）的行动在任何一个个别之点在这个意义上指向比以前更“正确”的技术方向，那么就存在着“技术进步”。事实是否如此，这要由——自然要以既定目标的绝对无歧义为前提——经验科学利用科学经验的手段来确定，亦即予以经验的确定。

值得注意的是，在这种意义上，只要有一个明确给定的目标，就存在可以清晰地确定的关于手段的“技术”正确性和“技术”进步的概念（这里，在其最广泛的意义上，“技术”指一切范围，亦即人类政治、社会、教育、宣传的操作和支配的范围内的合理的举措）。只有在某一具体形成物的某种明确规定了的状态被当作出发点时，人们才能以大约明确的方式特别地（只是为了论及与我们切近的东西）谈到特殊的、通常是上述“技术”领域的“进步”，也才能谈到商业技术领域和法律技术领域的“进步”。正如每个行家所了解的那样，因为各种个别的技术合理的原理彼此冲突，所以它们之间的平衡只能从具体利益的当下着眼点里求得，而决不可能从一种“客观”的立场中求得。如果假定了既定的需求，并且进一步假定所有这些需求本身及其评价的主观的次序排位应当为人所接受，最后假定一种严格给定的经济制度——又有如下的保留，例如在满足需求的持久性、确定性和丰富性方面的各种利益可能彼此冲突或处于冲突之中——那么我们也就能谈及在获取手段的可能性既定的情况下，朝向满足需要的相对地最好效果的“经济”进步。非唯如此，便无可能。

人们试图从这里得出明确的因而是纯经济的价值评判的可能性。其中最独特的例子是李夫曼（Liefman）教授援引的教例，即当价格跌到成本之下时，为维护生产者的利润而有意识地销毁消费品。这种情况可以客观地评价为在“国民经济学上”是“正确的”。上述援例以及——最重要的是——每一个类似的解释都把一系列的前提看作是不证自明的，而实际并非如此：首先，个人的利益不仅事实上延续到死亡之后，而且应当永远如此。倘使没有从“存在”到“应当”的这种转变，此处讨论的所谓纯经济的价值评判就不可能做到毫无歧义。因为如无这样的转变，人们就不能像谈论不死之人的利益一样谈论“生产者”和“消费者”的利益。个人对其继承人利益的考虑，不再是纯经济的事实。更确切地说在这里，得益者替代了活生生的人，前者使用“企业”的“资本”，并且他必须为了这个企业而存在。这是用于理论目的的虚构。但是，唯其虚构，所以不适用于工人的情况。尤其是不适用于无子女的工人的情况。第二，它无视“阶级状况”的事实，在市场原则的统治下，这种状况恰恰由于而不是不顾——从盈利的观点来看，当时可能的——资本和劳动力在各个行业的“最优”分布可能（不是必定）使某些消费阶层的物品供应绝对恶化。因为那种盈利的最佳“分布”制约了投资的稳定性，在它自己这一方面，它依赖于阶级之间的力量对比，这种力量对比的结果在具体的情况下能够（并不一定）削弱那些阶层在价格战争中的地位。第三，它无视各个不同政治集团成员之间永远不能调和的利益对立的可能性，采取一种有利于“自由贸易论证”的先天的党派立场。一旦人们依照它建立起应当存在的公设，这种论证就立刻从极为有用的启迪手段转变为决非不证自明的“价值评判”。但是，当它为避免这种冲突而假设了世界经济体系政策的一致性——这在理论上应该是绝对许可的——时，那么，这种向那类为了——就和可在这里设定的那样——处在一定关系（生产者和消费者）中的持久的盈利最大化的利益而销毁消费品的做法挑战之批判的无法消除的可能性，仅仅变换了它抨击的范围。这种批判于是依据那样一个指针转而反对市场供应总原则本身，而这个指针是由那个可用金钱表达的盈利最大化给予交换中的个体经济的。一种非市场方式的物品供应组织不会有机会考虑以市场原则为基础的个体经济的利益状况，因而也就没有必要从消费中抽回已经生产出来的消费品。

只有假定了下述确定的条件：(1)以恒定的需要为经营目标的

恒定个人的持久的盈利利益——(2)通过完全自由的市场交换来满足需要的私人资本主义的绝对统治地位——和(3)只是作为法律保证而超然于利益之外的国家力量，李夫曼教授的观点才在理论上是正确的，于是当然也是不证自明的，因为价值评判涉及了产品分配的个别技术问题的最佳解决的合理手段。但是，用于理论目的的纯粹经济学的虚构不能成为关于现实情况的实际价值评判的基础。实际的情形是，经验理论除了下面的关系以外，绝对不能说明任何其他东西：为了达到既定的技术目的 x，措施 y 是唯一合适的手段，或者与 y^1、y^2 一起都是合适的手段；在后一种情况下，这些措施和它们在运用方式或——如果有这种情况的话——合理性方面的差异与 y、y^1、y^2 分别相关，这些措施的使用以及目标 x 的实现要求容受“附带后果”z、z^1、z^2。所有这些都是因果命题的简单逆命题，在“价值判评”能与之相结合的范围内，它们只是有关预期行动合理性程度的一类命题。经济目的和社会结构条件已被给定，所余之事仅是在诸多的经济手段中进行选择，此外这些手段唯有在确定性、速度、高产方面作用各有不同，而在其他对于人的利益来说可能重要的各个方面所起的作用则完全一致，这时并且只有在这时，价值评判才是毫无疑义的。只有在这时，一种手段实际上无条件地被评价为“技术上最正确的”，并且这种价值判断是无歧义的。在任何其他情形中，亦即在任何其他非纯粹技术的情况下，价值评判不再是毫无歧义的，而不再可能以纯粹经济学方式规定的价值评判也就参与进来了。

但是，终极“价值评判”的无歧义性自然不能通过确定在纯经济学领域内的技术价值评判的无歧义性而获得。相反，一旦脱离了技术的标准，只有通过归结于终极公理才可能得以解决的无限多样的可能的价值评判便出现了。因为——只提一点——在“行动”后面站着的是人。对人来说，行动本身的主观合理性和客观—技术的“正确性”提高到超越某种界限的水平——按照某种观念，确实一般地——就会危害重要的（例如，在伦理方面或宗教方面重要的）财富。比如佛教的（最高）伦理之所以拒绝一切有目的的行动，正是因为它们是有目的的行动，使人远离拯救，这种伦理观很难为我们每个人所接受。但是，要想就如拒斥一道错误的算术题或一个错误的医疗诊断一样“拒斥”它，那是绝对不可能的。但是，即使不援引如此极端的例子，人们也很容易看到，甚至毫无意义的“技术上正确的”经济合理化仅仅通过它们的这种性质也无法在价值评判的论坛前获得合法的权利。一切合理化莫不如此，像银行业务这样明显的纯技术领域也无例外。那些反对这种合理化的人绝不是当然的蠢人。相反，每当人们要做出一次价值评判时，技术合理化各个领域的全部外在和内在生活条件变动的影响必定会一并考虑在内。我们学科中的正当的进步概念毫无例外地依附于“技术的东西”，如上所说，这在这里也就意味着，依附于适合明确给定的目的的“手段”。它决不可能上升到“终极”价值评判的领域。

综上所述，我认为“进步”一词的运用，甚至在它那经验上无可置疑的适用性被限定的范围内，仍然是极不适当的。但是词语的运用并不受任何人禁止，况且人们毕竟可以避免可能的误解。

在我们结束本文之前，还有一组关于合理的东西在经验学科内的地位问题尚需讨论。

当规范有效的东西成为经验研究的对象时，它作为对象就失去了规范特征：它被当作“存在的东西”而不是“有效的东西”来对待。例如，当统计学要确定某一专业计算范围内“运算错误”的次数时——它确实具有科学的意义——，乘法表的原理对它来说在两种极为不同的意义上“有效”。第一，它的规范有效性自然是它自己的计算操作的绝对前提。但是，第二，在“正确”运用乘法表的程度被当作研究对象考虑时，从纯粹逻辑的角度来看，情况就大不一样了。其计算乃属统计学考试对象的那些人对乘法表的运用，被看作他们通过教育而习惯了的行为的实际准则。如果人们要确定这种准则实际运用的频率，那么，或许某些精神错乱现象也完全同样可以成为统计学考察的对象。它的规范“有效”，即乘法表的“正确”，在乘法表的运用成为“对象”的情况下，并非讨论的内容，在逻辑上也毫不相干。统计学家在从统计学上复查研究人员的对象的计算时，必须遵循“按照乘法表”复核的惯例。万一某种按规范的标准乃错误的计算方法被某一社会团体看作是“正确的”，并且在他于是不得不从统计学上研究它事实上的、而按那个团体的立场则是“正确的”运用的频率时，他同样也必须运用这种错误的方法。对于一切经验的、社会学的或历史的研究来说，我们的乘法表在作为这类研究的对象时，它也就是一种通常在某一社会群体中有效的和或多或少为人遵从的实际行为的准则，而非其他任何东西。每一种关于毕达戈拉斯音乐理论的说明都必须首先接受——相对于我们的知识而言的——“错误的”计算：12 个五度音＝7 个八度音。每一种逻辑史同样也必须接受（对于我们来说）充满矛盾的逻辑体系的历史存在，——倘若人们像一位杰出的中世纪逻辑史家所曾做过的那样，对这种“荒谬性”大动肝火，这很可以为人所理解然而却不再属于科学范围内的事了。

从规范上有效的真理转化为按惯例而适用的观点——所有精神的构成物，甚至逻辑的和数学的思维，只要一旦因其经验的存在而不是（规范）正确的意义而成为被反思研究的对象，都属于这类观点——与下面的事实完全无干：逻辑的和数学的真理的规范有效性在另一方面是所有经验科学的先天因素。——这类真理的逻辑结构在与上述功能相关的情况下并不那么简单，在对精神现象进行经验的研究时，这种功能自然应归于上述的真理，它的两种不同的地位，即一方面作为研究对象的地位，另一方面作为这种研究的先天因素的地位，又必须被谨慎地区别开来。一切有关精神现象或社会现象的科学都是有关人的行为的科学（因此，每一种精神的思维活动和每一种心理的态度都包括在其中）。它们要“理解”这种行为并且据此“以说明的方法解释”它的过程。“理解”这个困难的概念现在不可能在这里予以讨论。在这种现象中只有一种类型使我们感兴趣：“合理的”解释。我们显然“理解”而未追问：思想家以某一种我们认为在规范上“正确”的方法“解决”某一“问题”；某人“正确地”计算；他为了一个既定的目的而运用——在我看来——“正确的”手段。因此我们对于这些事件的理解是特别地显而易见的，因为它涉及客观“有效的东西”的实现。然而，人们切切慎勿相信，在这种情况下规范上正确的东西，从逻辑的角度来看，就如所有科学研究的先天因素有其共同的地位一样，出现在同样的结构中。相反，它作为“理解”的手段的功能恰是这样的功能，从心理上“神入”逻辑上非理性的情绪状态和感情状态，而这里所涉及的是关于这些状况的"理解式的"认识。不是规范的正确性,而是一方面研究者和学者如此不二地思维的常规的习惯,另一方面倘若需要的话,他们理解式地"神入"与其相左并且按其习惯在规范方面"错误地"思想的能力,在这里才是理解式地说明的手段。无论如何,"错误的"思想和"谬误"在原则上也能与"正确的"思想一样为理解所达到,这就表明,规范上"正确"而有效的东西在这里不是作为其本身而是作为一种特别易于理解的常规类型被考虑的。而这便最终确定规范上正确的东西在社会学认识中的作用。

为了能够理解"错误的"计算或"错误的"逻辑规定,以及确定和说明它们在它们已经得出的那些实际结果中的影响,人们显然不仅要借助"正确的"计算,或准确地说,借助"正确的"逻辑思维来检验它们,而且必须凭借"正确的"计算手段,或说"正确的"逻辑手段明确地指出,上述计算或逻辑运算与研究者认为规范上"正确"的计算或逻辑运算所借以相互区别的那些要点。只是对于实践—教育的目的,例如文德尔班在他的《哲学史》导论中予以强调的那种目的(在"林中歧路"之前竖立"警戒牌"),这才并非是必要的,而上述目的无非是历史学研究所预期的附带后果。其所以不必要的另一个原因是,所有以各种逻辑的、数学的或其他科学的知识为对象的历史疑难问题都不可避免地只能以我们承认有效的"真理价值"——并且也以通往这个方向的"进步"——为基础,而这种"真理价值"是唯一可能的、用作选择标准的终极价值关联。(甚至倘若情况实际上就是如此,文德尔班一再强调的事实情况也依然应予考虑:这种意义上的进步通常不是选择直接的道路而是——以经济学的术语来说——选择"多产的弯路"以逾越"错误":盘根错节的问题。)其所以如此,因为(并且也只在这个范围内)被当作对象研究的思维构成物借以与研究者自己必然认为“正确的”知识区别开来的诸方面,始终是那些在他看来具有特殊“性质的”方面,亦即那些依他观点或者具有直接价值关联的方面,或者从其他有价值关联的事态来看在因果上重要的方面。思想的真理价值愈是成为历史描述的主导价值,上述情况就当然愈是成为平常的惯例,某些“学科”(如哲学,或理论国民经济学)历史里面的情况尤是如此。但是,它决非必然是唯一的情况。在一个一般的有意识的主观合理行动构成某种描述的对象的时候,以及在“思维的错误”或“计算的错误”可能构成行动进程的因果成分的时候,便出现了一种几乎相似的事态。例如,为了“理解”如何指挥战争,人们必定要不可避免地——纵使并不必然很明确地和以详细的方式——从各方面来设想一位理想的统帅,他熟悉并时时实时记住双方军事力量手段的总势态和部署,由此而来的全部可能性,如何达到摧毁敌方军事力量这一具体而明确的目标,他在这个基础上不出差错且逻辑“无误”地行动。只有在这时,现实的统帅既无那种认识又不能免除错误,以及他们不是纯粹合理思维的机器这类情况对战局进程造成的那些因果影响,才能毫无歧义地得到确定。合理的构想在这里也有用作正确的因果“归源”手段的价值。“纯”经济学理论所创立的那种乌托邦式的严格无误的合理行动的构想也具有完全同样的意义。

为了对经验事件作出因果归源,我们正需要合理的、视情况而定的经验—技术的构想或者逻辑的构想,它回答下述问题:一种具有绝对合理的、经验的和逻辑的“正确性”和“无矛盾性”的事态,倘若它描述了行动或思维构成物(例如一种哲学体系)的外在联系,将会(或已经)显得如何?从逻辑上来考虑,一种如此合理“正确的”乌托邦构想只是“理想类型”——一如我(以一种可用其他措辞替代的术语)称呼这种观念产物那样——的种种可能形态中的一种。因为如前所说,我们不仅可以设想这样一种情况:一种有独特形式的错误的推论方法或某种独特的不适宜的行为能够比理想类型提供更好的帮助。而且首先在行为的全部范围(“不合理的行为”的范围)内,不是最高的逻辑合理性,而仅仅是由孤立的抽象所得到的无歧义性提供了最好的帮助。虽然实际上研究者极其频繁地运用构造出来的规范上“正确的”理想类型,不过,按逻辑的观点,情况恰好表明:这种类型的规范上“正确的东西”并非是实质的东西。例如,为了刻画某一时代人们的一种特殊类型的信念,研究者可以既构成一个与他个人伦理规范相符合并在这个意义上客观“正确的”信念类型,又构成一个与他的伦理规范完全相悖的信念类型,他于是可以借此来比较那些被研究的人们的行动,或者最后他可以构成他个人不作任何形式的肯定评价或否定评价的信念类型。规范上“正确的东西”对于这类目的没有任何垄断权。因为不论合理的理想类型有什么内容,无论它是否表述了伦理的、法义的、美学的和宗教的信念规范,或者技术的、经济的、法律政策的、社会政策的和文化政策的准则,或以尽可能合理的形式使用的任何一种“价值评判”,它在经验研究之中的构想始终只有如下的目的:为了能够用尽可能可明确地理解的概念去描述经验实在,以因果归源的方式理解和解释经验实在,把经验实在与其自身进行“比较”,从而确定经验实在与它的对立、相差的距离或对它的相对接近。合理的法教条学概念体系为经验学科的法学史提供了这些功能(参见本卷[①]第337页及以后诸页),合理的核算学为对盈利经济中个体经济的实际行为的分析提供了这些功能。这两种刚刚提及的教条式的学科除了上述功能之外,作为"艺术学"自然还有杰出的规范—实践的目的。而且这两门学科因其教条学科的特性并不比数学、逻辑、规范伦理学、美学更具在这里所讨论的意义上的经验的性质;它们在其他方面由于别的原因则与后面那些学科完全有别,就如后者彼此之间迥然有异一样。

显然,经济学理论毕竟在一种从逻辑上看与法教条学极为不同的意义上,是一门教条学科。它的概念与经济现实的关系,和法教条学的概念与经验的法学史和法律社会学的现实对象的关系大不相同。但是,正如教条式的法律概念作为"理想类型"能够和必须用于经验的法学史和法律社会学一样,以同样的方式把"理想类型"运用于认识现代和过去的社会实在,乃是纯粹经济学理论的唯一意义。经济学理论设立一些几乎任何时候都不能在实在中完全实现却又以不同程度接近之的前提条件,并且追问:如果人们的社会行动严格合理地进行,它将如何在这些前提条件下形成。经济学理论特别地假定了纯粹经济利益的支配地位,也就是说排除了政治力量和其他非经济意向对行动的影响。

但是,问题"盘根错节"的典型过程也在其中得到了实现。因为,上述意义上的那种"国家无涉"、"道德无涉"、"个人主义的"纯

① 即《科学论文集》,这里所指的是《论R.施塔姆的唯物史观的"克服"》一文中的内容。

理论作为方法论的有效手段，过去是并且将来也是必不可少的。激进的自由贸易学派把它理解为“自然的”、亦即未经人类愚行弄糟的实在的详尽反映，又在这个基础上进一步把它看作“应当”：看作在价值范围内有效的理想，而不是看作适用于有关存在的经验研究的理想类型。由于在经济政策方面和社会政策方面改变了有关国家的评价，倒退也出现在“价值评判”领域，这时，它立刻蔓延到存在领域，它不仅把纯经济学理论作为理想的表述——这种理论决不要求理想的有效性——予以拒斥，也作为通达现实研究的方法论的途径予以拒斥。各色各样的“哲学”思考曾经取代了合理的实用学问，由于“心理的”存在与伦理上有效的东西的合一，价值评判领域和经验研究之间的截然区分便不再可能了。历史的、社会学的和社会政策领域中这种科学发展的代表的杰出成就得到了普遍的公认，同样，在不偏不倚的评论者眼里，理论研究和严格的经济科学研究工作数十年来的全面衰落，作为那种问题混淆的必然结果，也是显而易见的。纯理论的反对者提出两个主要命题，其中之一是：合理的构想是“纯粹的虚构”，它没有告诉我们有关现实的任何东西。如能正确地理解的话，那么这个论断是不错的。因为理论构想只是有助于达到决不可能由实在自身提供的对于实在的认识，这种认识由于其他并未包括在其前提之中的环境和动机系列因素的参与，甚至在极端的情况下也只是接近于所构想的过程而已。如上所述，这当然丝毫没有证明纯理论的无用和不必要。他们提出的第二个命题是：无论如何，一门关于经济政策的价值无涉学说是不可能作为科学而存在的。这个命题当然是根本错误的。其所以错误的原因在于，价值无涉——在前面所说的意义上——恰恰是一切纯科学地对待政策，尤其关于社会政策和经济政策的做法的前提。大概不必重复说，建立下面这种类型的命题不言而喻是可能的，是在科学上有用的和必要的：为了达到（经济政策的）目的 x，y 是唯一的手段，或者——在条件 b_1、b_2、b_3 的情况下——y_1、y_2、y_3 是仅有的或有成效的手段。人们必须记住，问题在于绝对无歧义地规定所追求的目标的可能性。如果这种可能性存在，那么它所涉及的就是因果命题的简单反命题，也就是说纯粹的“技术”问题。但是，正因为如此，即使在所有这些情形中，科学也没有被迫把这种技术目的论的命题理解为单纯的因果命题，也不是理解为下面的形式：y 始终产生结果 x，或者在条件 b_1、b_2、b_3 下，y_1、y_2、y_3 产生结果 x。因为这恰恰说的是同一件事，并且“实践者”可以不费力气地从中得到他的“处方”。但是，经济的科学学说除了一方面弄清纯粹理想类型的形式，另一方面确定这类经济上个别的因果联系——因为在 x 应是全无歧义时，以及将结果归于原因和将手段归于目的的归源应是充分严格时，涉及的问题毫无例外是因果联系——之外，还有其他一些任务。它还应当以经济原因制约各种社会现象方式来研究这样的总体：通过经济史解释和经济社会解释。它还应当根据经济过程和经济形式诸种不同样式和不同发展阶段，来研究社会现象对这些过程和形式的制约，这便是经济史和经济社会学的任务。政治行动和政治产物，尤其是国家和国家维护的法律不言而喻属于这类社会现象，而且是其中的首要方面。不过同样明显的是，这些现象不只包含政治的因素。而且所有那些——以与科学利益充分相关的程度——影响经济的社会构成物都包括在内。“经济政策”这个术语自然极其不适合于这类问题的总和。然而，它先前之所以如此运用只有通过考虑实际产生的重要性才能得到解释，这种重要性，在外在的方面，来自作为国家官员培养机构的大学的特点，但在其内在方面，则来自国家强大的统治工具对经济的强烈影响。在所有这些研究中，如果所涉及的结果能够充分无歧义地被给予，那么"原因和结果"的陈述在任何时候都能转化为这种"手段和目的"的陈述，这一点几乎无需重新说明。当然，价值评判领域和经验知识领域之间的逻辑关系即使在这里也不因此而有更动。作为结论，我应该就这种关系再作些说明。

最近几十年的发展，尤其是我们现在作为其见证人的那些史无前例的事件，极大地提高了国家的威望。在所有社会共同体中，唯有它被赋予了支配生、死和自由的"正当的"力量，它的组织把这种力量用于在战争时期抵御外敌，在和平和战争时期镇压内部反抗。它在和平时期是最大的经济管理者，公民财税的最强有力的受贡者，但在战争时期又最无限制地支配它所能获得的一切经济财物。它那现代而合理化的组织形式使许多领域的成就成为可能，而这些毫无疑问不可能由任何其他类型社会化的联合行动来实现，哪怕是近似地实现。几乎不可避免的是，人们会因此而推断，它必定也就是——尤其是指向"政策"领域的价值评判——终极"价值"，所有社会行动最终都要依照它的实际利益来衡量。这无非是一种完全不许可的用价值领域的规范对存在领域事实情况的重新解释，即使我们不考虑那种价值评判结论的含糊性；而("维护"和"促进""国家"的)"手段"一经讨论，这种含糊性便会立刻显现出来。在纯粹事实的领域，对于国家的那种威望我们首先应该指出：国家不能做某些事情。甚至在最适合于它的范围内，如军事领域，情况也是如此。通过观察许多现代战争给多民族国家的军队带来的一些现象，就可揭明：国家无法强迫的个人对于国家支持的事业的自愿献身，甚至对于军事上的成功也不是无足轻重的。在经济领域也应提到一点：当经济从战争形式和战争原则转入和平时期而作为持久的现象之时，便立刻就能有如下结果：它正好要摧毁那些国家扩张理想的代表人物的观念。不过，我们在这里对此不再多说什么。但是，在价值评判领域内有一种立场是很有意义而值得赞赏的，它认为在用作清除可以想象的最外在反抗的强制手段方面，国家的力量应当增长，但在另一方面，应剥夺其一切内在价值，从而表明它仅仅是实现所有其他价值的技术辅助手段，只是从这些价值那里它才获得崇高地位，而且只要它一天不放弃它的这种使命，它就可以保持这种地位。

我们这里自然不想阐发和维护这种或任何其他可能的价值评判的立场。相反只是提醒一点，一个职业的“思想家”如果有什么职责的话，他所迫切要做的便是，面对时下盛行的理想，哪怕是倾人的理想，都要在个人才智方面保持冷静的头脑，倘有必要，就需“逆潮流而动。”“1914 年德国的诸理念”是浅薄文人的产物。“未来的社会主义”是一个用于表达一种经济合理化的短语，而这种经济合理化的途径，乃是进一步的官僚化和由得益者管理目的协作组合这两者的结合。经济政策管理部门的爱国者对纯粹技术措施的狂热乞助于德国哲学的庄严，也乞助于宗教的庄严——就如现时触目可见的那样——而不是着力于解释这些措施的合目的性，而这个合目的性在相当大的程度上受到干巴巴的财政因素的制约，因此，这种狂热不啻自视甚高的文人的一种颇为可厌的鉴赏失调。至于归国战士对其形式将会有所评说的真正的"1918 年德国诸理念",可能如何或应当如何,眼下谁也无法置言。这自然有待于将来。——

译 后 记

是译初稿于1988年8月告成，今年2月又复校毕。此项工作肇端于中国社会科学院世界历史研究所研究员陈启能先生和刘军君之邀，并曾得到他们的热情帮助；北京大学外国哲学研究所王炜君于是译惠助尤多，俾之终得付梓；北京大学哲学系教授王太庆先生对一些德语和拉丁语难句的翻译提供了有效的指点；北京大学西语系教授严宝瑜先生审读了有关音乐史的译文。在此，译者对于诸位先生和友人的帮助谨表谢忱。我的博士生导师、已故中国社会科学院哲学研究所教授杨一之先生生前对此书的翻译常加关怀，帮助处理了一些史实问题和德语的技术问题。使我们受益最深者，乃是杨先生的博大胸怀、精深洞见和知识。愿借此书而为一炷清香，进献杨先生灵前。

韩水法

1990年6月9日

于北京大学29楼204室

修订译本后记

在今天，韦伯思想依然是社会科学和人文学科的重要资源，在观念、话语和方法等方面发挥着虽然有时潜移默化却依旧重大的影响。不过，像韦伯思想这样宏大、丰富和复杂的理论体系，单单阅读其著作，并不足以充分地领会它的深度和广度，也难以切实理解它所包含的各种远见卓识。人们只有在从事具体的研究，处理与韦伯理论所处理的问题相似或相关的问题时，或者当他们从其他研究中发现韦伯理论的影响直接地或间接地存在时，他的思想的力度、深度和思考的周密，才会得到最为真切的把握。康德思想也是如此。因此，只有在面向实际，从复杂性的维度来考察和研究社会实在并尝试予以解释时，人们才可以领会韦伯思想在今天依然具有的现实力量。

我首次接触到韦伯思想，是在1995年，其时正在读博士研究生。起初阅读台湾出版的介绍性读物，接着阅读当时所能得到的研究性著作，韦伯原著在当时则难以得到。不过，韦伯原著的最初节译本已经在大陆出现。当时，曾与同学郭小平一起译出一部韦伯研究著作，原拟在“新知文库”出版。但是，由于奇怪的原因，这个译本并没能出版，以后就一直束之高阁。

不过，我对韦伯的兴趣则越来越浓厚。1988年友人约请翻译韦伯的方法论著作，我便欣然接受，因为据说这原是出版社委托约请的。正式动手移译之时，我已经回到北大教书。当年栖身于29楼204房间，在极窄的书桌上和更小的板凳上，勉力译事。其实，在那个年代，我们关于韦伯的知识，以及德语的知识，都还是相对薄弱的。然而，工作是相当努力的，不清楚就查资料，或向人请教，所谓以勤补拙。大约于1989年2月完成了全部的翻译和校对，它当是汉语世界最早译出的韦伯方法论著作。不过，出版却遇到了许多挫折，蹉跎几年，其他迟译的本子反而早出版了，它差不多成为几个译本中最后出版的一本。它最终在中央编译出版社出版之后，我就再也没有去翻过它，尽管我一直时断时续地从事韦伯或与其思想相关的一些研究。

研究和翻译韦伯，对我日后的学术生涯有相当重要和多方面的影响。它为我理解人文学科和社会科学的性质，它们之间的关系以及它们与自然科学的关系提供了宽广而有效的视角，促进了我对方法和方法论的重视；而在考察和判断社会制度和结构、社会事态的关联和现代社会性质等宏观层面，韦伯的见解始终具有张力颇大的启发性和解释力。毫无疑问，对现代社会科学以及人文学科的研究，韦伯依然是一个重要的观念的和方法的源泉。

今天，因读校样而重温旧日的译文，自然回想起初回北大任教的岁月。那是一个生活条件极其清苦的时期，不过，年轻人的思想却能够自由激荡，大家对学术生涯和前景满怀希望。而关于韦伯，我也有从事全面研究的计划，甚至还有将韦伯有关方法论学术论文全部翻译出来的计划。后来，随着社会变迁，自己的学术研究的兴趣和重点发生了转移，这些计划也就都悬搁了起来。

2012年，商务印书馆决定将此译本收入“汉译世界学术名著丛书”，要我校订清样。面对这个20多年之前的译本，发现需要修订之处不在少数，主要是在术语的调整和表达的准确性等方面，当然也包括个别的漏译。本书第三篇长文，即《社会科学和经济科学“价值无涉”的意义》，是修订最多的所在。对照原文做逐句的校对，就使原本相对容易的看清样，变成了艰苦繁难的修订工作。韦伯是一位学术天才，他的头脑严密而又才思喷涌，文字却不免曲折复杂而句式多变。现在想来，翻译韦伯这样思想家的著作，真正需要年轻力壮才足以承当。

感谢商务印书馆的陈小文副总编，他力促此译收入“汉译世界学术名著丛书”。

韩水法

2013年4月14日写于北京圆明园东听风阁

图书在版编目(CIP)数据

社会科学方法论/(德)马克斯·韦伯著;韩水法,莫茜译.—北京:商务印书馆,2017
(汉译世界学术名著丛书:120年纪念版:珍藏本)
ISBN 978-7-100-14841-2

Ⅰ.①社… Ⅱ.①马… ②韩… ③莫… Ⅲ.①社会科学—方法论 Ⅳ.①C03

中国版本图书馆CIP数据核字(2017)第160058号

汉译世界学术名著丛书
(120年纪念版·珍藏本)
社会科学方法论
〔德〕马克斯·韦伯 著
韩水法 莫茜 译

商 务 印 书 馆 出 版
(北京王府井大街36号 邮政编码100710)
商 务 印 书 馆 发 行
北京新华印刷有限公司印刷
ISBN 978-7-100-14841-2

2017年12月第1版 开本710×1000 1/16
2017年12月北京第1次印刷 印张15½
定价:78.00元